博物馆里的文字学家

文字学家

许进雄 著

中国大百科全书出版社　　知识出版社
Knowledge Publishing House

图书在版编目（CIP）数据

博物馆里的文字学家 / 许进雄著. -- 北京：中国
大百科全书出版社，2021.7
　　ISBN 978-7-5202-1001-0

　　Ⅰ.①博… Ⅱ.①许… Ⅲ.①许进雄－生平事迹
Ⅳ.① K825.5

中国版本图书馆 CIP 数据核字（2021）第 125915 号

本书中文简体字版权由台湾商务印书馆股份有限公司授予中国大百科全书
出版社。

著作权合同登记号：图字 01-2021-1529

博物馆里的文字学家

许进雄 著

出 版 人	刘国辉	
图书策划	李默耘	
责任编辑	程　园	
责任印制	吴永星	
出版发行	中国大百科全书出版社	
地　　址	北京市西城区阜成门北大街 17 号	
邮　　编	100037	
网　　址	http://www.ecph.com.cn	
电　　话	010-88390739	
印　　刷	太原日报传媒集团有限公司	
开　　本	889 毫米 ×1194 毫米　1/32	
印　　张	8.5	
字　　数	138 千字	
版　　次	2021 年 8 月第 1 版	
印　　次	2021 年 9 月第 1 次印刷	
书　　号	ISBN 978-7-5202-1001-0	
定　　价	78.00 元	

繁华落尽见真淳

——读许进雄《博物馆里的文字学家》

曾永义（台湾"中央研究院"院士）

挚友许进雄的新著《博物馆里的文字学家》，乍看书名会使人误以为是他写一位心仪的友人、在博物馆里工作的文字学家。但认识他的人都知道，那是"夫子自道"。因为他平生最大的成就在博物馆，在文字学。

进雄喜欢研究文字，几近"天生自然"；他最焕发最畅快的岁月，是他在加拿大多伦多皇家安大略博物馆服务并整理甲骨收藏那二十几年。他的文字学研究蜚声甲骨学界，诸多学术创见与论证，使他被列于殷墟博物馆二十五名家之一。他在博物馆远东部主任任上的工作使他对古器物了如指掌。他更以本业文字学为主，融合器物学和民俗学，写成一部极其厚实且被译成多国文字的经典之作《中国古代社会》。我读这部书，艳羡之余，还向台湾世新大学牟宗灿校长说："在侪辈里，我最佩服许进雄的学术成就。"牟校长也爱才如渴，即聘他为客座教授。

进雄的学术为世人所仰望，却无人想到他会写"自传"。其理由他在《自序》里说得很清楚，最重要的是他心存感恩，借此表达他对所怀念的亲人、师长和朋友的感激。这是多么可感可爱的"理由"，进雄为人就是如此的"简单朴质"，也由于这样的气质，使他锲而不舍地沉潜于甲骨文字与古器物的钻研。而即使他兴到笔随，写作长篇的自传体散文，也能如数家珍，娓娓道来，不矫揉不造作，朴素自然，如行云流水般地舒展其雅趣天机。我想那是繁华落尽的真淳，也是进雄人格的总体呈现。

进雄是学术泰斗，绝非政治伟人，所以在他的自传里，看不到谋国宏猷、丰功伟绩。他只是运用平淡的笔墨和亲切的口吻，在叙说他的成长、亲情、爱情、友情和学习、研究与工作。那是许多人都会有的"经历"，然而我们从中却看到了那活生生的时代苦难，那会令现代男女"扑哧"的"爱情模式"；也会诧异而佩服地领受他驾轻就熟地将世间极艰难极枯燥的甲骨文字学，说得那么深入浅出、趣味横生。这其中又蕴藏着对学子多么殷切的

"循循善诱"。所以进雄的文字看似平淡，其实多姿多韵；内容初觉无奇，却渐引人入胜。

与进雄相识相知，起自一九六〇年，我虽然在台湾大学中文系比他高一班，但与进雄及其同班的章景明、黄启方皆属同年。我们四人论交，于今已五十又七载。其间相顾莫逆，所肇建之"酒党"，党魁，第一二三副党魁，仍然依年秩序位；而四人潇洒挥杯，"言不及义"，持续数十年，亦未曾间歇。盖吾党讲究"尚人不尚黑""人间愉快"，别无所求也。

二〇一七年四月二十四日晨

曾永义序于森观寓所

自序

　　有个朋友对我说，你不是伟人，发什么劲儿写起回忆录来！是的，我是个平常人，但我有些话想在有生之年说出来。

　　我生性内向，不多话，不好动，很少自发自动做一件事情，经常是亲长要我怎么做，我就去做；或是朋友怎么做，我自随波逐流也跟着做。比较自发的可能是研究甲骨文，想了解奇妙的中国文字是如何创意的。我的写作，基本也是基于工作的需要，或是受人委托，而回忆录则是我自己想写的。

　　我要把自己的回忆写出来，大概受到两件事的影响。一是一本书，一是内人的病情。因为研究死亡的礼俗，我读过一本日本纪实小说，提到一个乡间的妇人，到了年纪大的时候开始存钱，准备一张席子以便儿子背她上山等死时作息之用，购买足够的酒以便酬谢帮助过她、善待过她的人。我写出来的回忆也权当对他人的怀念与感念，虽然这比秀才人情一张纸更薄，然而的确是我可以做得到的最起码的事。

内人得了失忆症，我看着她逐渐失去记忆，不但过去的事情，连眼前的衣裤鞋袜也不知如何使用，最糟的是连语言的能力也终于完全丧失，甚至连动物的本能——吃饭也忘记了。因此我要把还记得的往事写出来，让我的朋友知道我怀念他们，在心里感恩，免得有一天我也说不出来了。

我这一生虽然平凡，但经历过很多事情，也不是完全没有一提的价值，应该也显现了一些时代的背景。我在陌生的加拿大英文环境里，如何克服困难，如何顺从别人给予的善意，完成了一些分内与分外的工作，也多少有让年轻人效法的地方。我这些报告，还希望已过世的师长，如果有在天之灵，也可以了解，我努力达成了一些他们的期待，以及我对他们的深深感激。

除了回忆里谈到的人之外，我最感谢大学时代的三个朋友，曾永义教授、章景明教授、黄启方教授，他们五十年来不因时空的隔绝，始终待我如兄弟，在各方面帮助我。我还要感谢台湾大学退休的郭守成教官，我们没有师徒的渊源，只因餐宴中戏称是我马门的弟子，真的待我如自己的师父，处处为我设想，替我服务，让我既尴尬，又心存感激。他的贤内助郭玉华教官，也同样真诚待我，她先读了稿子，改正了许多错字，也在此道谢。

二○一六年三月　新店居寓

目　录

第一章

一九四一年后的高雄港

大家庭

第二次世界大战期间，一九四一年六月二十三日，农历五月二十九，我出生于中国台湾高雄一个中下阶层的大家庭里。后来盟军的飞机开始轰炸高雄市区时，以祖母为首，全家都疏散到高雄县旗山的乡下，躲避美军轰炸的危险。后来搬回高雄市，大伯父与二伯父另外觅居，祖母则与第三、第四子的家庭一起居住在鼓山区的一条幽静小巷里。我没有关于战争的记忆，只听闻一些长辈们的往事而已。

祖母育有二女四男，来自澎湖的马公。祖母把长女送给别人家，却又从别人家抱养了一个女婴，打算作为父亲将来的媳妇，所以母亲使用本姓，叫吴自爱。听长辈解释，自爱的命名，说是因为母亲自愿被许家领养。当时澎湖的人家将儿女送给别人家认养，而又从别人家领养儿女是很平常的现象，尤其是女婴。或以为这样做，将来婆媳的关系会比较良善，或以为纵使让别人家的骨肉多做些家务、多吃一点苦，自己比较不会心疼。

听说曾祖父是个秀才，对于家庭的教育颇为重视，所以祖父懂得文墨，在偏僻的乡下也算是个人才了。在日本统治的时代，祖父当个警察辅佐，收入不多，供养一家八口人本来就不容易。但因长得不俗，在另一个村里筑了个新家庭，自然对原有的家庭就疏于照顾，以致祖母独立支撑家庭，生活非常艰难。我曾经多次听到舅父们对母亲幼年的艰辛生活的叹惜与不舍，认为祖母对其亲生与领养的子女有不同的待遇。

为了维持生计，祖母除日夜做针黹女红以补贴家用外，给每个孩子都分配了工作。儿子到了能够赚钱的年龄就课余时去打小工，或提个小篮子沿街叫卖炸糕饼一类的零食，到了稍稍长大，甚至游水到商船上去兜卖水果、干货一类的商品。母亲则被分配去捡拾落叶枯枝，以供给家里的薪炊烧煮。曾听长辈们提及，母亲因此而被日本的老师耻笑，他们在黑板上画了个小女孩背着大布袋在捡拾枝叶的情景，让母亲小小的心灵蒙上驱之不散的自卑阴影。

澎湖土地贫瘠，谋生困难，很多人都迁移到台湾本岛的高雄或台南去谋生活。不知在哪一年，为了改善生活的困境，祖母和六个已长大的子女搬移到高雄来追求较为宽裕的生活。大儿子在码头推销商品，二儿子卖米浆早点，父亲是老三，推二轮车沿街贩卖菜蔬，老四则在路边修理脚踏车或帮助老大做生意。至于女儿，我只知道母亲到一个日本人的家庭做全职女佣，平日就住在主人家，只有休假的时候才回来，甚至在我出生之后也还是如此。抚育我的责任就由祖母一人承担。

在我的记忆中，没有一丝一毫母亲的影子，因为我还在睡眠中她就得出门，而回来的时候我已在睡觉。后来她感染了主人家的肺结核。肺结核在日据时代尚无特效药可以根治，当时唯一的治疗对策是静养。对于穷人家，静养是不可企望的梦想，母亲就撑着病体工作。有一天她咳血不止，与世长辞。

祖母非常伤痛母亲的过世，经常为之流泪，向我述说母亲多么温顺，多么辛劳。对于母亲的种种事情，我也只是长大之后才听长辈提及，当时并不了解母亲离我而去。我对母亲的记忆，只有父母的一帧变黄的结婚照而已。

陪父亲沿街叫卖蔬菜

在我的记忆里，幼小时就只有祖母与父亲的印象而已。在我已能够走路后，就常与父亲去叫卖蔬菜。为了减轻祖母看顾我的辛劳，有时父亲会问我愿不愿帮他推车子去卖菜。父亲使用二轮的手推车，将蔬菜堆放在车上，沿着一定的路线兜售。所谓帮忙推车，其实我哪有能力，只是做做样子，充实父子之间的亲情而已。我多半是坐在手推车内，由父亲推着，车子停下来等待人家出来买菜时，我就独自在附近玩耍。父亲叫卖的路线大多经过日本人的社区，说是可以卖得相对的好价钱。

那时应该是第二次世界大战结束的前后，日本人还没有完全撤走，到处是轰炸后未经清理的断垣残壁。我很喜欢去捡拾粘贴在墙壁上的各种有颜色而发亮的小瓷砖片，我管它叫"ㄨㄥˋ"，不晓得这是谁教我的语言，肯定不是父亲教我的。父亲晚年还充满温馨地谈及此事，说我不知是从何处学来的，经常一个劲儿地指着小瓷砖说"ㄨㄥˋ，ㄨㄥˋ"，意思是说我要那些东西，要父亲替我带回去。说不定叫这些瓷砖为"ㄨㄥˋ"是我自己发明的语言。父亲把我所喜爱的残断的小块墙壁带回家，仔细地用工具把水泥凿开，取出小瓷砖片来给我玩。那时我别无其他玩具，所以非常珍惜它们，不知到了何种年纪，才不玩这些瓷砖片。

小学一年级近暑假的时候，我们搬到高雄港陆桥前的七贤三路，父亲就不再推车卖菜，而与四叔共同经营生意了，他们供应水果给来往高雄与香港的商船。大伯父从事供应外国船舶粮食与零件的生意，其中蔬菜与水果部分的采购也大都由父亲负责，所需要的品类大部分向大批发商订购，但有些就由父亲自己到批发市场标购。那时我已就读中学，有时在不上学的日子，父亲会要我一同去果菜市场帮忙。天还未大亮，我们就各自骑脚踏车到批发市场，他每标购一批货，在装箱之前，就由我在那边看守着，以免与他人的货物混杂。那种工作很无聊，又不能完全放任地不注意看管。有时工作到了九十点钟，父亲还忙得忘了让我吃早餐，让我饿肚子。那时觉得陪父亲买菜是件无聊的苦差事，现在细想起来，之后再也没有与父亲一起工作的机缘了。

多么希望拥有一把八家将的大关刀

我们在鼓山区的家，距离大马路大概有一百多米远，是个有半楼的木造平房。大马路的另一边有座小丘，有制造水泥的工厂，经常来往大型车辆，因而总是灰尘飞扬弥漫，感觉上是个繁忙的交通要道。但我们家的巷子只有通行脚踏车，算是个宁静的社区。这个社区有前后两排房子，大致都是和我们一样的木造平房，有的还没有半楼。我们是远离大马路的前排第一家。两排房子的左边有一个庙，我们家的左边就是庙前的广场，那里有棵有很大树荫的树，想来是榕树。庙的规模不大，香客不多，但时而会有八家将的练习与表演。经常在庙前广场嬉戏的小孩子一般不超过十个，也许我们太小，不跟大孩子玩在一起。尤其是上学的时间，大孩子都不在，好像广场就是我们小孩的天下。我们这些还不能上学的小孩子似乎也没有什么可玩的游戏，常常是几个小孩子蹲在墙边无所事事。我还记得有个卖糖果的小贩，有个小火炉，让大孩子们用勺子在火上煮糖浆，最后用一点白颜色的粉末点下去，熬煮的糖浆就膨胀起来，我们小孩子就大为高兴，拍起手来。

最让我兴奋的是八家将的练习。十几个男孩子，脸上涂得五花八彩，身上也穿着花花绿绿、奇形怪状的衣服，手中拿着各种道具，敲锣打鼓、蹦蹦跳跳地排列成各种阵式。他们的行列让我羡慕极了，恨不得早点长大，也去参加他们的表演。我还记得很清楚，有一个玩伴的父亲手艺很巧，用木片雕刻了几支十几厘米长的大关刀、蛇矛一类的武器，让他把玩。我多么希望自己也拥有那样的一把刀，可以像八家将一样挥舞着它。还记得每当下大雨时，我总有个幻觉：我蹲在屋里，痴痴地看着屋外每一个雨点在水中造成的圆形凹陷，幻想着那是玩家家酒的一个个陶锅子。可以想象那时候物资多么缺乏，以及孩子们盼望有件玩具的心境。

《水孩子》汤姆的故事

　　一九四七年，我六周岁，就读附近的鼓岩国民小学一年级。关于这一年我有两个还记得的事。在感觉中，去学校的路途有相当的一段距离，庙前左边有条小路可以通往学校。在到学校之前，还得经过一条河流与一段相当宽广的铁路轨道。记得河流中有一只半沉没的大船，铁壳的黑船头高高地突出于水面上。为了维护行人跨越铁道的安全，尤其是小学生们的安全，建有一条隧道让我们从铁道下穿过。但是有一天悲剧还是发生了。在一次大雨之后，隧道里充满了雨水，班上有位女生想利用隧道中的水洗手或什么，不小心滑倒而溺毙于水中。学校为此开了个追悼会，我初次体会到亲友死别的难受。

　　另一件难忘之事是女老师讲给我们听的故事。老师的名字已忘记了，大致是下学期时候说的一段长故事，她每星期只讲一小段。我大致记得前半段的故事，后来我的学生吴俊德帮我找到了故事的名字，是十九世纪英国作家查理斯·金斯利所写的小说《水孩子》（*The Water Babies*）。

　　故事讲一个穷人家名叫汤姆的小孩。外国因为天气寒冷，住家使用火炉取暖，火炉有管道用以疏导黑烟，每隔一段时间就得清除烟囱里的烟炱。汤姆和师傅有次到某户有钱的人家清洁烟囱，在他单独工作的时候，不小心失足掉落在屋主人女儿的卧室，女孩受惊而尖叫起来，汤姆在慌张之下，急忙跳下窗户，夺路而逃。众人以为他偷了贵重的东西，因而追赶他。就这样糊里糊涂地，汤姆不知解释而一味逃跑，展开了逃亡生活的一连串奇遇。汤姆跳进河里睡着了，变成了身体娇小、不死的水陆两栖的水孩子。故事讲到汤姆开始在水中生活的时候，父亲和四叔父换了行业，我们举家搬到盐埕区，我也转学到盐埕国民小学，再也听不到后来的故事发展了。那时学校的图书设备大都落后，我也没有刻意寻找这个故事的名称，直到在写此回忆时，学生才从网络上找到这个小说文本，让我终于知道故事的后续发展，汤姆最后成长为热爱真理、正直而勇敢的人。

喜欢玩有赌博性质的游戏

我们搬到坐落在七贤三路的家，前面不远处有个让汽车通行的陆桥，过了陆桥就是高雄港区，需要通行证，也就不是我们小孩子的生活范围了。那时候住家的周围还有很多空地，附近的小孩经常聚集在一起玩游戏，诸如玻璃珠、橡皮筋、陀螺、圆纸牌、透明的塑胶模型等等，走廊下随处可以玩耍。因为当时的车辆还不多，比较需要大场地的游戏，就在道路的两旁玩。我们家对面有个很大的空地，大概是充当临时仓库之处，有很多大型的陶水管堆积在空地上。有些涉及赌博性质的游戏，我们就在具有隐蔽性的大陶水管或防空洞里进行，以避免被家人发现。

祖母跟第三、第四个儿子的两家人同住。父亲与四叔父和另外两个友人合伙做码头的生意，店址就设在这里。两个家庭的收支都由叔父负责，父亲是从不管事的，包括我的一切生活也不管。叔父由于自己的孩子还太小，把管教的重点都放在我的身上，尤其对我课业以外的活动相当在意。长辈们从事的码头生意，有船只靠岸时就非常忙碌，平时一点事也没有。由于我也喜欢玩一些具有赌博性质的游戏，所以叔叔在没有工作的时候，就会有意地四处寻找我的行踪，一旦被发现，我就会受到一顿毒打。四叔的大女儿比我小几岁，经常充当我的把风，一有动静就发出警告，然后一起及时脱逃。

那时候学校的功课不多，也没有才艺一类的课余补习。孩童聚集游戏的情况到处都是。略微回忆一下当时常玩的游戏。

玻璃珠

玻璃珠的玩法有两种：一种玩法是在地上挖五个有相当距离的小孔洞成十字形，用手指把玻璃珠从起点依序弹进各个小洞里，先完成整个程序者为赢家。在比赛中，如果打中对方的玻璃珠，就可以进到下一个洞，因此最理想的情况是，不但打中对方的珠子，还要把对方的珠子带到下一个洞的附近，好继续弹击前进。或是把对方的珠子弹得远远的，增加对方把珠子弹回场地的困难。

另一种玩法是，让玻璃珠从手中自然下坠至一块斜放的砖块上，比赛谁的珠子弹得更远。最接近划线的珠子为胜利，但超过了终点线就算失败，所以关键点是估计砖块的反弹力，以及掌握珠子的下坠高度。这是一种健康的比赛，叔父不会处罚我。其实这也是可以有赌注的。

陀螺

陀螺可以有两种玩法。一种玩法是画一个圆圈，里头放几个陀螺，要点是把对方的陀螺击出圈外，而让自己的陀螺留在里头。如果把对方的陀螺击出圈外，就成为自己的战利品。而如果约定击出圈外的陀螺不能据为己有时，比赛的重点就是利用自己陀螺上的牙破坏对方的陀螺。自己陀螺上的牙不但要用上等的钢材，磨砺得非常锐利，还要有办法在抛掷时以锐利的牙击中对方的陀螺，达成破坏对方陀螺的目的。

另一种玩法是猜拳后置放一个陀螺在起点，要尽快把此陀螺打到终点线外。如果在进行中谁的陀螺没有抛掷好，没有旋转，就要取代原有的陀螺，成为新的被击打的对象。一旦陀螺被击出终点线外，大家就会用手握着陀螺，用陀螺锐利的牙来砍劈该陀螺的身子，陀螺经此连番的砍劈后就往往不成形状了。叔父不但不处罚玩陀螺的比赛，有时还会为我打制最锐利的牙。

牌九

那时候流行一种叫"尪仔标"的彩色印刷图像的圆形厚纸牌游戏，图案几乎都是戏曲或历史上的人物，还附加一个十二生肖的图样。常玩的方法是每个玩家出几张牌，选出其中的一张作为目标，混杂在众多的牌中堆叠成山，大家轮流用自己的纸牌抛打牌堆，谁能把那张牌完全击出牌堆之外便是赢家，可以收取所有的纸牌作为奖品。这是叔父容许我玩的游戏。但是它的另一种涉及赌博的玩法就不被容许，必然会遭受严厉的处罚，那是类似"天九"或"牌九"的赌法。

十二生肖即一到十二的数目，两张牌为一组。最高级位的组合是六与三的数目，叫至尊，其次是成对的同样数目，然后是加起来的点数。成对的位阶有高低：十二最高，为天。二次之，为地。八再次之，为银。其次四，为牙。再次为十与六，为板。十一与一为草。然后依次是不入流的九、七、五、三等数目。点数以九为最高，十最低，十一等于一，十二等于二，余类推。

点数的位阶有特殊的排序：十二加九位最高，叫天猴王。其次十二加八，称为天贡，二加八则为地贡。同点数的序列则以其中的一张牌，依天、地、银、牙、板、草的次序比高低，如同样为七点，则十二加五最大，二加五次之，其次八加九、四加三、十加七、六加一或十一。

斗牌的方式可以是两张或四张牌，两张的一翻开牌，胜负立刻分晓。四张的就要拆成两张的两组去比较，要两组都赢了才算赢。比赛时一个组头可以跟好几个组员对赌，赌资可以排列成一注、二注或三注。拿的牌组如果是八点，就吃两注，如果是九点以上就三注全吃，赔率也是如此。看起来规则好像很复杂，其实一学就会。这种游戏赌注可能很大，容易上瘾，而且往往废寝忘食，祸害很大，故要受到惩罚。

不爱念书，小学六年级是"算术霸王"

我不是聪明的小孩，家人更忙于生活，不会督促我的课业，加以自己又喜欢玩，所以小学的成绩并不优异，也不会被老师所厚爱。但是我在班上的名次，每年都有改进，从三十、二十、十，到了六年级被分到新成立的忠孝国民小学，毕业时成绩竟然升到了第二名，还拿了个校长奖。可以说，六年级这一年是我就读小学最风光的时候。

我对算术的功课最有心得，课本上的题目从来难不倒我，解答又特别快，所以小学六年级时同学们送给我一个"算术霸王"的封号，老师也让我当总务股长，管理班上的班费，那是我第一次被老师所器重。我还记得每天帮老师去买早点的事。

那时我还有另一个特别的绰号是"皇帝"。祖母常带我去看歌仔戏，戏里颇多内宫的剧情，有一次在同学面前，我侃侃大谈皇帝有三宫、六院、七十二嫔妃。那是超乎小学生教学范围的知识，同学就因此昵称我为"皇帝"。有位非常肥胖的同学，经常到我们的楼下，高呼"皇帝"，约我一起上学去。

目睹众利轮爆炸事件，
比电影银幕上的画面更恐怖

上小学时，高雄港发生了一件惊天动地的事，一艘名叫"众利"的大船，满载着炸药停靠在高雄港，不知因何种疏失，竟然连环爆炸起来。我记得相当清楚，那天是拜拜的日子，我被指派照顾拜桌，等待上足三次酒献，以及线香烧尽，好通知大人们来烧纸钱、收拾祭品与用具等等。我站在店前的走廊上，最先是听到一声巨响，接着此起彼落，响起好多的爆炸声。天空顿时火红，降下阵阵黑雨，同时也地动屋摇，我惊恐不已。

正在彷徨不知所措之际，只见码头的方向，黑压压地涌来没有止息的拼命奔跑的人潮。奔跑的人个个衣衫不整，脸色慌张惊恐，有人身上还有血迹。那时很流行的英国式硬椭圆形帽，也丢得满街都是，竟然没有人停下脚步来捡拾，一副世界末日来到的样子。

我在感染之下，不加思考，也没有通知家人，就跟着人群朝同一个方向，往市区跑。之后的几个小时，我夹杂在人群中，脑中一片混乱，不知该怎么办，也不晓得饥渴。到了黄昏，好像一切都平静了，人群也开始散开，我才辨识道路回到家中。家人见到我，高兴得流泪，因为已到处寻找我几个小时了。事后知悉，我家的屋瓦移位了。屋后教堂的旁边，有人被飞来的铁板给砸死了。

第二次世界大战，高雄遭受轰炸，我们搬到乡下避难，我因为太小，对战争的记忆可以说一点痕迹也没有。但是这次的爆炸，目睹人群仓皇逃命的景象，比之后来从银幕所见战争期间一位女孩子被烧夷弹所焚烧而裸体奔跑的画面，更要感到恐怖，就像在立体的电影前，比之有一群大象向你奔跑过来的那种压迫感，更要惊慌。

陪祖母去听歌仔戏，
志在吃东西和零用钱

　　母亲在生下我之后仍然去当人家的全日帮佣，照顾我的责任就由祖母扛起，所以我和祖母的关系特别亲热，是其他孙子所不及的。听长辈说，尤其是母亲过世后，祖母把对母亲的愧疚与怀念都转化为爱我。好像到了小学五六年级的时候，祖母还在替我洗澡。昔日物资缺乏，平常的日子不杀鸡吃肉，只有在节庆或拜拜时才有肉品吃。我的饭都是祖母为我料理的，在杀鸡时，我少不了有一根鸡腿。在有丰盛食物的时候，祖母总会在我的碗底先垫上鱼、肉，加上饭后又放上一般的菜肴。那时我还不能领会祖母的用意，每每吃完了白饭后，高兴地大叫我的碗底还有好吃的东西，让祖母有点尴尬。虽然祖母的地位在家中是最高的，没有人敢批评一句，但毕竟显得有点过分偏爱于我。

　　在搬到七贤三路后，鼓山区的房子就出租给人家，租金归祖母收取，作为零用钱。祖母小时候虽然缠脚，日据时代政策改变，把缠足给解放了。祖母由于长年辛劳工作，已很能适应缠足解放后的脚步，走起路来并不困难，所以去收租的时候都是步行，从新家到旧家，估计约有两公里之远。小学低年级的上课时间是半天，所以我有很多的时间陪祖母去收租，同时会见一些旧日的玩伴。祖母收完租金后，照例一定会带我到盐埕区盖在大水沟上的饮食摊吃东西。我们最常吃的是各人一碗筒仔米糕、一颗卤蛋加上一碗四神汤，这在当时的家境已算是大花费了。

除了收取租金外，我也经常陪祖母去听歌仔戏。我志不在听戏而在吃东西，同时更有奖励零用钱的可能，但也因此学会了很多戏曲里的词句。在我已成家立业之后，四婶母还常常慈爱地提到我小时候在家里唱歌仔戏词，嘴边还常挂着"不然、便罢"的口头禅。后来全天上学，没有时间陪祖母收租、看戏，任务就交给了叔叔的大女儿，她也享有跟我同样的待遇。

谈到看戏，也有件遗憾事。我幼时在鼓山旧居有个很要好的女玩伴，由于家里穷困，很小就被送到流动的歌仔戏团学戏，换取微薄的酬劳。在戏团里由杂役开始，慢慢学艺，过着几乎是非人的生活，一旦艺成出师，开始正式的演出，才有微薄的薪资。每次她的剧团到高雄来演出时，都会前来送票请祖母去捧场。由于长辈们一再说她是我幼时的玩伴，有时由我去应门时，我就羞赧地赶快闪开，不敢交谈。后来我回台湾时，听到她已不唱戏，帮先生管理工厂的业务，营运非常成功，我还曾有机会当面向她道贺。不想不久却传来她罹患恶疾而过世的消息，为之唏嘘不已。她才脱离贫困，未及享受人间的欢乐，竟然就英年早逝了。

祖母烧香祈祷，
说让我头壳硬、名次多

　　七贤三路的家，前头是个店面，上头有个半楼，使用活动的木梯上下。店面之后，在高出地面上的总铺上分隔成三个房间。房间之后是厨房，厨房之后有个大院子，设有防空洞，接着是宽大的排水沟，饮食摊位就盖在这条大排水沟上。后来不用防空洞了，就把防空洞填平，在院子后边盖了个猪圈。后来因为市区里不准养猪，就改建为二层的楼房。我从小就与祖母睡在一起，搬来新居之后，也一样与祖母睡在半楼上，一直到了后院修筑楼房，我就有了个人的房间，这时大概是高二或高三的时候，但祖母仍然住在前面的半楼上。

　　半楼之上就是屋顶，除了中央的部分，都要弯着腰行走。半楼有根横梁把空间分隔成两部分，最高的中央处摆置佛龛及祖先牌位。佛龛的后面是祖母的隐私空间，除衣物柜、马桶之外，还放了她舍不得丢掉的铁丝线、麻绳等杂物。佛龛之前有我的一张书桌，梯子这边的另一半是我们祖孙睡眠的地方。因受日晒的关系，有时要到很晚的时候才能消除暑气，所以我一般是到了睡觉的时间才上楼去。

　　祖母每天都会焚香礼拜神灵及祖先，每个月初一、十五的拜拜是她的大事，她都要亲自指挥事宜。重要的拜拜祭典她更会盛装打扮，穿起高质量的裙子及围裙，香案还挂上彩绣的八仙挂。祖母每年总有几次要到庙里烧香、捐香油，她会向神灵祈求保佑，——祈祷每个人身体健康、事业成功、无灾无难等等。轮到我的部分时，由于她对学制不甚了解，总会祈祷让我头壳硬（认为这样脑筋才会好）、名次多（以为是越多越好）。我始终没有点破名次多并不好。我们家里的人对于拜神礼佛之事都不热衷，祖母过世之后，大致只有在家里祭祀祖先

的任务被继承了下来。

我这一辈的名字排行应该是"正"。由于家里的人都忙于工作，大概也认为不怎么重要，就任由祖母到区公所去报户口。祖母不识字，就让户政人员把正雄给写成了进雄（我不解为什么以后不去更正），以至于我继母所生的儿子也以"进"命名，和其他三房的堂兄弟不同。

祖母虽不识字，却有自己记账的一套办法。我看她用圈圈、直划、横划、叉叉代表不同的数目与单位。房租收入有多少，修理屋漏用去多少，香油钱捐了多少，吃饭看戏用了多少，她都记得清清楚楚，从不需要我的帮忙。纸币都紧紧地卷成小卷，每一卷有固定的数目。祖母很疼我，如果有非必要的东西，估计父母亲不会买给我时，我就向祖母索求，可以说是有求必应。我记得很清楚，有一次为了买让我满意的有背胶的乒乓球拍，她耐心地跟我去一家又一家商店寻找。

祖母的前半生虽然贫穷，但对于食品却喜欢制作，也蛮内行。祖母于初一、十五和重要的神佛诞生日都吃斋，后来好像吃斋比吃荤的日子还多些。祖母所吃的斋菜从不假他人之手，她喜欢把花生碾碎，然后和蔬菜一起煮。祖母也喜欢吃零食，经常制作麦芽花生糖之类的，大概是把花生当作肉类的代用品吧。

　　每有节庆，全家就都忙起来，制作当令的菜肴或点心。我经常帮忙用石磨把米粒磨成浆，用重物把米浆压榨滤水成块状，再碾压成粉末状，然后再蒸制成糕、粿、饼、包子各类的食品。包粽子时也分配各人的职务，有的用小酒杯装填进定额的料子，有的把馅料放进糯米中包扎成一串串的粽子，然后入水煮熟。我很喜欢吃这种包的粽子，有时一次吃三颗，连续吃几餐也不腻。祖母过世后，就再也没有那种盛况了，大概只有包粽子的技术被两位媳妇学到了，其他的糕、粿、饼类的零食就不再制作了。到现在我还是比较喜欢妈妈包的粽子，味道比商店买来的好多了。

第二章

长辈们从不关心
我的学业成绩

学骑脚踏车，到伯父家收厨余

　　长辈们都忙于生意，对我的学业可以说并不关心，一直到考上大学，也从未问过我一句在学校的状况，或陪考过入学的考试。一九五三年小学毕业后，我糊里糊涂只报考一个学校——高雄地区最好的高雄中学。以我当时的在校成绩，不是因为自己有绝对可以考得上高雄中学的信心，只是糊里糊涂，寄望别人替我安排而已。

　　听同学说广播报道了我被录取的消息，为了证实这个消息，我没有呼朋引伴，也没有向家长索取搭公车的钱，就独自一人走路到高雄中学去看榜单。回来后告诉家长，路途相当遥远，恐怕以后难于走路上学，于是长辈就找家中一部坐垫比较低的脚踏车让我自己去练习。我把脚踏车推到小学校的广场，请一位同学扶住车的后边让我骑上去。不到一个下午，我就可摇摇晃晃地独自上车骑回家里来，不久我就有一部半新不旧、个人专用的脚踏车了。

　　我的活动范围虽然大为扩大，但也因此多了项新工作。家里的后院盖了个猪圈，养两三头猪，猪是杂食性的动物，可以喂饲人们吃剩下的饭菜，因此我就被派遣到大伯父与二伯父的家去收集厨余。

祖母指导媳妇们，
特地为我制作补品

　　除了养猪之外，我们还养鸡、火鸡，甚至养过一次兔子，婶母还把兔子的毛皮制成我脚踏车坐垫的套盖。在那个鸡蛋还是很贵的时代，每次母鸡下蛋而啼叫时，我就去捡，然后就在蛋壳上开凿个小孔，趁热吸食，好像大人说这样对身体有补的样子。因为祖母疼爱我，我不但有吸吮蛋汁这个"特权"，为了让我长高、长胖，祖母还指导媳妇们做了几次特殊的食品给我吃。

　　我不确切知道烹饪的方法，重点是把九碗清水与一只鸡，用慢火炖煮至一碗浓汤，那碗浓汤的表面会浮起一层厚厚的油脂，还得用吸水的粗纸把表面的油脂去掉才可以喝。我第一次喝时很高兴，因为一个人独自喝一碗鸡汤，这是不得了的奢侈。但喝了之后，才知道很难喝，因为太油腻，味道太浓，后来反而因不想违背祖母的好意，才勉强一小口、一小口地喝完。弟妹们好像都没有喝过这种补品。剩下来的鸡肉就被炒成肉松，但我不能吃，说是会把吃下去的滋补给破坏掉。

怎么也学不好英文，年年补考

　　我的初中生活乏善可陈，甚至可用很糟糕去形容。首先是英文课。不知是自己资质不好，还是贪玩，其他功课我都可以应付，只有英文课怎么也学不好。最糟糕的是有一次去请教老师，老师不但不耐心解释，还用揶揄的态度说："像你这样的程度还有什么指望？"从此我就放弃了这门功课，好像从初一到高中三年级，年年的英文都要补考，但也年年都通过了补考。

　　后来自己当了老师，我就勉励自己，不要犯下那位老师的毛病，要抱持着孔子有教无类的精神，不拒绝学生的请教。大伯父的从业员有几个会说英文，也常来我家的水果店，但家长也从未有要我向他们请教的指示。

玩纸牌，做土窑烧烤地瓜

小学时，四叔父会四处寻找我与小朋友们聚赌纸牌的隐蔽地点，到了初中阶段，他就没来学校管制我了。

高雄中学是个纯男生的学校，分初中与高中二部，校址在火车线道之旁，并没有架设高围墙，但种植很多高耸的树木作为分隔。操场与铁道之间就成了隐蔽的区块，教职人员很少到这个地方来巡察，因此就成为玩纸牌的好地点，也浪费了我不少宝贵的青春时光。

跨过铁道是旱田，种植地瓜，收成之后，往往有遗漏未收的，我们就去寻找，挖到地瓜之后就先做个土窑，等土窑烧热后把地瓜埋在打碎的土窑碎块里，三四十分钟过后回来吃已被烤熟了的地瓜，觉得美味无穷。偷来的东西感觉总比买来的好吃。

没有立定志向要好好读书，
糊里糊涂考上高中

　　初中的时候我得了个"少爷"的绰号，连体育老师上课时都这么叫我。那时我们的家境并不富裕，可能被祖母娇宠得有点像有钱人家少爷的样子，才被同学取这样的绰号。我们班上有位林人智同学是有名林商号三合板的子弟，他骑的是菲利浦牌的变速脚踏车，可能比现在开法拉利跑车还要神气，但他就没有得到类似的绰号。

　　由于我没有立定志向要好好读书，也许是遗传自父亲，凡事不关心，当然成绩也不很好。幸好命运之神时常照顾我，报考高中时，我又糊里糊涂只报考本校，幸好也被录取了。但放榜后，我只晓得嬉戏游玩，连注册的日子都没记住。有天下午，正巧初二时的数学老师走过家门，我打个招呼问老师好。大概因为我数学成绩还不错，他对我印象很好，知道我被录取了，随口问了一句："你今天注册过了吗？"我一惊，根本不知有注册这么一回事。那时候已过了注册的时间，老师知道我还没有注册，立刻要我向父母拿钱，亲自带我去学校的注册组，拜托职员让我补注册。要不是老师适时来到，恐怕我就会辍学一整年，说不定一年之后也重考不上，也说不定从此就要跟父亲一起做卖蔬菜、水果的生意了。

父亲在盐埕区开了一间水果店

父亲从鼓山区搬到盐埕区与四叔父一家人同住时，就在家里开了个水果店。刚开始的阶段，我记得晚上还经常和父亲推着一辆小车子，到人潮较多的地点卖西瓜。摆摊的时候，得先把大西瓜切成一片片的放在玻璃柜中展示，等待行人来购买。如果收摊时剩下很多，回家后，大家就随意把汁吸一吸，把西瓜渣给吐了出来，表示吃掉了，没有浪费食物。记得上台北读大学时，同学见我如此糟蹋西瓜，无不瞠目结舌，露出非常惊异的样子。我努力了一段时间，才学会把西瓜渣给吞下去。但到现在，我还不习惯把橘子的渣吞下去，所以尽量不在公众面前吃橘子，免得给人留下不良的印象。家弟虽也已六十几岁了，吃西瓜仍然还要吐渣。三十年后回到台湾，当年的朋友——哲学系的郭博文教授和历史系的张元教授，已几次提到我这个老毛病。

停靠高雄港的船只越来越多，家里的生意也慢慢偏重于大量供应来往港台船只的生意，不再到街道摆摊子了。香港市场需要大量的台湾西瓜、年糕、牛肉干等物品，可能那时还没有正式出口的渠道或执照，形式上，我们是提供船员在海上航行时个人消费的需要，其实船员们都是以百斤为单位在购买。把物品递送上船不是人人都被允许的，还要有牌照才可以做这门生意，而且还得与管制上下船的警务人员有交情，才能把超量的货物送上船，其利润当然要比一般的水果店铺高。

父亲的三个兄弟都做码头的生意。父亲和四叔父住在一起，与人合伙做供应港台货轮的水果生意。大伯父与二伯父住在不远的五福路，隔壁相邻，大伯父供应外国商船与军舰的各类需要，二伯父则做衣物的洗涤生意。大伯父的从业员接待很多外国船只，经常有机会招待客人到酒家、饭馆消费，外商也往往回赠船上的物品。食品是最常见的馈赠，所以我们经常吃到外国的火腿、香肠、牛排、牛油、冰激凌、通心粉、咖喱、苹果、葡萄等等，在当时可算是非常另类的家族。叔叔还玩留声机、照相机，也雕刻水仙花盆景。

在码头耳濡目染，
很快学会麻将的游戏方法

　　我家因为距离码头近，从事供应物品的其他店家的从业员，也大都在我们的店内聚集，等待船只的讯息。在等待的时间，人数够了就组成一组，在我家后院打起麻将来，或是在店外聊天。人多的地方，流动摊贩就自然会前来兜卖小吃，大人们也大半顺便多买，分些给我们小孩子吃。在这样的环境里，我不但经常有东西吃，而且耳濡目染，很快就了解了麻将的游戏方法。我太太嫁来我家后也被要求学打麻将，但她只是勉强应付，并不真心喜欢这种具有赌博成分的游戏。

　　当生意来的时候，卡车运来西瓜，把店的内外都堆满得像山一般高。妈妈、婶母与其他合伙人的家眷，把每一个西瓜分别装进一个用竹片编织的小笼子里，再用粗麻绳把笼子捆绑牢固，等待男人们用脚踏车把货物送上船。那时不能利用有轮子的板车输送港轮的货物，只能使用脚踏车。每一辆脚踏车都利用车的手把与后座，悬挂几个笼子，把货物运送到码头，然后用手提的方式送达船员们指定的空间去。因为在文书上，那是船员们在航海期间自用的少量货物，不能用货车一类的交通工具运送，而且只能利用正式卸装货物之后与起航之前的短暂时间才可以送货，故只能在限定时间内往复不停地少量运送，塞到各船员所属的各个角落去。送完货品之后，当天就结算所得，分发红利。这时免不了要加菜金，多买些肉类来吃。如果是卖牛肉干，少量的拿来当零食也不会被责骂。身为小孩子的我们，没人不期盼有这样的生意。

我们的水果店还有一个任务。高雄市有个堀江市场，就在我家的邻近，专门卖舶来品，货源大都来自港轮的船员。舶来品规定是不许进口的，但船员会零星地把东西带下船来，检查站的执勤人员也就暗中放行。船员为了报答，就会把礼物寄存在我们的店铺，指定要交给几点到几点值班的人员。值班的人自然也会来店铺报知是几点到几点的班，而把东西拿去，所以也不太会计较我们送了过量的水果到船上去，以此为回报。也因此，我经常能见到台湾少见的商品。

诓骗一个月的补习费，
到夜市闲逛去

　　高中考上初中已就读的高雄中学，没有环境的新鲜感，我自己似乎想到要在学业上有所振作的样子，但是英文还是一点进步也没有。大概从高一开始，虽也有三年后要报考大学的宿命感，但还是缺乏决心。记得曾经向父亲要过钱去补习功课，第一个月确确实实去补习了，第二个月就没去补习而改到夜市闲逛，尤其是有操练把式而卖膏药的地方，很容易就混过一个晚上。第三个月觉得这样过日子无意义，也完全无新鲜感，所以连向父亲诓骗补习费也不想，就不出门补习了。待在家里多少也可读一点书，应付一些功课。

　　高中时我做了一件印象深刻的事。班上有位同学吹嘘自己勇敢，不怕伤痛，有一天他拿出一把折叠刀，要试试看谁有胆气投射到他身上，他不会闪避以示勇敢。我傻里傻气地真的接过刀子，从几米外用力把刀子丢过去，本以为刀刃不会插在他身上的，谁知刀子转了几圈就插在他的右腿上，血也顿时跟着流了下来。这位同学真的咬紧牙根，没有哀叫喊痛，倒是我见到鲜血从刀口流了下来，不禁有点眩晕的感觉。从此我就怕见到血，连体检要抽血时也不敢注视针筒。

不得不休学，决心在家用功读书

　　我决心用功读书的关键是在高三。那时大专联考分三组，甲组属理工科，乙组属文法科，丙组属农医科。我就读甲组的班级，由于我的学业成绩并不很理想，考虑到如果考不上理想的大学时，还可以回校再继续攻读报考，于是我没有与家长商量就办理了休学的手续，想以同等学力的资格报考。

　　想不到那年突然改变报考的规则，同等学力不能报考，一定要持有高中毕业的文凭。休学既然已成为事实，不能回学校学习，我只好赋闲在家。因为已不能参加大专联考，自己也就不用急着读书。幸好父母亲对于我的学业并不太关心，也没有因此责骂我，说不定还高兴多少多了个帮手呢。

走进书店，
看到影响我一生的一本书

　　有一天，我走进一家书店，看到一本书，是清代王念孙注释的《广雅疏证》。我从来没有听过这个书名，也不知是基于何种动机，有可能是开卷的前两句让我有很深的疑惑。第一条是"古、昔、先、创、方、作、造、朔、萌、芽、本、根、藟、蘽、荄、昌、孟、鼻、业，始也"；第二条是"乾、官、元、首、主、上、伯、子、男、卿、大夫、令、长、龙、嫡、郎、将、日、正，君也"。其上所举众多的字，有些是我认识，也了解其意义的，但有些字则和我理解的意义有所差别，而有些字则根本不认识。为什么这么多的字具有同样的意义呢？我想一探究竟。

　　买了回去一读，从王念孙的注解里，方知一个字出现在不同句子里就可能会有不同的意义。那么，如何确定某个字在句子中是使用众多意义中的哪一个呢？抱着这样的疑惑，我耐心地一条一条读下去，觉得"释诂"的章节最有趣，"释言""释训"

也不错。当时并不知道这是训诂学的重要著作之一，只觉得中国的文字真奥妙，一个字可以有很多不同的意义，甚至是相反的意义，同时很多字又可以表达同一个意义。

为了满足自己的好奇心，接着我又读了王引之的《经传释词》《经义述闻》，俞樾的《古书疑义举例》等书，甚至更进一步，读了书中所举经籍的原典。我终于发现自己的兴趣所在，因此决定复学后要改选读乙组的课程，将来报考中文系。

影响我最深的一个人

　　我们家的水果店开在码头附近，长辈结识了好几个因买水果而认识的要好的海军朋友。其中有一位马崇彪先生，我们小孩管他叫马叔叔。有一天他向父母亲建议，说他有个好友的英文很好，可以免费来家里教我英文，父母亲没有理由不要我接受这种免费的补习。这位老师名叫陈文模，大我不到二十岁，待我有如亲弟弟，因此我都直呼他的名字"文模"。一九四九年前，他的长辈是海军的舰长，因此把他作为士兵，带到台湾来。文模虽然无心军旅的生涯，但当时的政策是没有重大过错的不准退伍，他就无奈地当起海军来。当时海军并无频繁的出勤任务，经常停靠在高雄或左营港，所以他经常有时间来我家教我英文。

　　当时军人的薪俸非常微薄，但他不仅没有收取补习费用，还因为见到我是个可造就的孩子，有时带我去冰果室吃冰，甚至到他服务的军舰上游玩、吃饭。他很关心我的生活与学习成绩，甚至拟稿为我撰写恋爱信件，让我专心读书。他去找远地的朋友时，有时也带我去，他成了我生活中最亲密的大哥。我感受到有人关心我的学业，觉得不能辜负这种期待，因此决心用功读书。可能由于我的天资还可以，除了英文因基础太差，不能立刻迎头赶上之外，其他功课都有相当的成效，老师也对我刮目相看。毕业在即，我的成绩已是全班之冠，对考上大学有完全的信心。报考时我只填了三项志愿，台湾大学中文系、台湾师范大学国文系、台湾政治大学中文系。放榜后，我荣登台大中文系的榜首。

可惜我和陈文模在一起的时间不长，他不抽烟、不饮酒，生活完全正常，竟然罹患了鼻咽癌。在联考之前他就上台北医病，否则他肯定会陪我到台南参加联考的。我上台北就读时，把他的朋友们为他筹募的两千元医疗费交给他，他和我搭公车到台大的第十宿舍，要介绍他就读于农学院的表弟给我认识，结果钱在公车上被扒走了。当时我很沮丧，但他泰然处之，还安慰我不必为身外物伤心。见到表弟时，竟然笑着要表弟猜刚才发生了何事，表弟笑着反问，是系状元到了吗？

我在台北读书的时候，他又转诊到高雄的军医院，不能及时当我航行的明灯了。他是位彬彬有礼的知识分子，口不出恶言，循循善诱，是导人向善的君子、好人。可是一年级的暑假我回高雄到医院探望他时，却见他形容枯槁，两眼深陷，全身瘦成皮包骨，被绑在病床上。我向他报告我一年学习的进展时，他无神的眼珠动也不动，半点回应的神态也没有。医生解释，癌细胞已扩散到他的脑部，病人已无法控制自己的行动，时常会暴力对待看护人员，所以院方才不得已将他绑在病床上。不久他就过世了。他的脸孔及身材很像亨利·方达所扮演的《战争与和平》电影中的男主角比尔，每次看这部片子，我眼眶就不禁泛红，又兴起一阵思念之情。

美军军舰停靠高雄码头，
经常见到酒吧街的酒女调情

　　读高中的时候，很多美国军舰停靠在基隆或高雄的码头，补充物资并让官兵休假。我家就在通往码头的道路上，又非常邻近码头，因地缘之便，附近很多人家就被租赁而纷纷改做招待美军的酒吧生意。我家的前方和左右就开设了近十家之多，右手隔壁就是其中之一。酒吧里不但供应酒精饮料，也有酒女坐台、陪舞，甚至被带到场外做更进一步的交易。

　　每一家的音乐都播放得震天响，在酒吧外走廊调情的也不少。祖母和我就住在半楼里，这些情景一一在目。祖母来自非常保守的澎湖，又属于上一代的人，对这些拥拥抱抱、当众接吻的行为当然非常不以为然，经常就在楼上"不要脸""龌龊"念个不停。有些酒女在休闲时也会来买水果或借个东西什么的，和我家的人有点熟稔。有些酒女故意要逗祖母，会向祖母说："阿婆，你摸摸看，我的（胸部）是真的。"祖母无趣地转头就走，大家也就哈哈大笑。若有酒女前来厨房找妈妈或婶母聊些话题，因她们有时穿着比较单薄又不太在意被人看到，在我们店里聚集时，等待船只讯息的从业员们，就经常借故要上洗手间而偷偷地瞄一眼，一饱眼福。就是在这种环境下，我准备参加大专联考的考试。

再也不畏忌
打起孩子毫不手软的大伯父

　　小学一年级搬到盐埕区与叔叔同住后，可以照顾我的人更多。妈妈既要忙家务，又要照料水果店，尤其是小我七岁的弟弟诞生后，她更忙了起来，无暇顾虑我的事情。直到有一天，大概是高三的时候，她对我的态度大大地改变了。

　　祖母的孩子从小都把大哥当成自己的父亲看待，敬畏他，赚来的钱都交给他。全家从澎湖搬到高雄后也还都是如此，直到每个人都成家立业了，才不再把钱交给大哥。大伯父拥有一张供应外国船舶日用品与五金的牌照，雇了几个人替他办事情，在诸兄弟中最有钱财，但他从不在经济上帮助弟弟们。不但如此，还习惯地把弟弟家中的东西任意处置。他一到家里来，看到从市场买回来供应全家人的饭菜材料，就经常把自己喜欢吃的东西先烹煮来吃，不管其他的人有没有得吃。大伯父还有酗酒打人的恶习，每当他喝得差不多时，不管是他自家或弟弟们的儿女，就抓来打，以至于小孩子们一见大伯父喝了酒，都想办法躲起来。由于从小以来对大伯父的积畏已成习惯，家中没有人敢出面劝阻。最气人的是，他不差遣自己的儿女，往往从他家里打电话来水果店，要我骑着脚踏车替他到市场摊贩处买零食给他送去。那时我正在准备大专联考，那是高中生关系一生的最重要时刻，一刻也浪费不得，但我又不敢不去，因为不去会惹来更大的灾难。因此，我曾经一度想离家出走，心想以自己的才智，万不致找不到可糊口的工作以求发展。这件事我向来隐藏在心里，这是第一次披露。

大伯父对家里的人常不友善，甚至对自己的母亲（即祖母）也常斥骂凌辱。妈妈的个性比较刚直，有时敢顶撞大伯父，因此大伯父就骂她为"大婶娘"，有一次甚至作势要打她，还要父亲休了她。四叔父一向自诩公正，能主持公义，什么人也不怕，他打起孩子来更是毫不手软，以至于有一次，家弟竟然问妈妈可不可以换个叔叔。当时我忍无可忍，声泪俱下，大声诘问叔叔，如真有正义感，如何放任大伯父欺负我妈妈，破坏我们的家庭。叔叔被我的正气所慑服，哑口无言，大伯父也不敢怎样。当时我真的想，大不了一命换一命，有什么可畏忌的。可见我当时的气愤程度。从此妈妈对我另眼看待，和自己的儿子没有两样，甚至更好。

为了见初恋女友，
坐一整天的慢车上台北

大概从小学五年级起，我就读的都是男生班或男校，没有机会接触堂姊妹以外的女性。那时候年纪幼小的小学生，普遍存在着不正常的观念，排斥同年龄层的异性，与女生并坐时，课桌就画中线，不相互过界侵犯。记得小学的时候，语文课造句时，我故意写不敬女生的句子，还被老师处罚。

姆母有两个哥哥，住在嘉义，我们家里的小孩都叫他们为舅舅。二舅育有两位女儿，姆母有意亲上加亲，想把年长的侄女和我凑成对。就在我休学那一年的暑假，二舅做生意来到高雄，顺便把我带回家去玩几天。在嘉义，我不但认识了两个表妹，更认识了和我同年龄的她们的堂姊。接着她们三人也跟随我到高雄来玩。这位堂姊就读于台北的私立金瓯女中。台北的学生比较开朗、活泼、大方。在一起游玩的过程中，我们彼此有好感，分开之后，就秘密有书信来往。因为家长会检查我的信件，我就以教我英文的文模的地址通信。为了我的学业着想，不让我分心，文模竟然还替我撰写文稿，由我抄写寄出去。不知什么原因，她竟然好久不回信。文模就建议把信件寄给他在金瓯女中当训导主任的朋友，由训导主任把信转交给她。她接到信后大为惊慌，立刻写信到家里的地址，要我不要再把信寄到学校去。这封信被叔父拆开，没有看清楚寄信者是谁，以为是他侄女寄来的，要我以后把信寄到她家去。

复学后的高三期间，乌拉圭足球队来台湾参加比赛。高雄中学盛行足球运动，我虽不是校队，却也很喜欢踢球。有这样难得的比赛机会，一方面也想找机会见上她一面——那时与我同年龄的大伯父二女儿，因大专联考不理想，上台北补习，长辈也介绍堂妹到她在台北借住的亲戚家住——我就拜托堂妹替我买球赛的票，希望去取票时，有机会见她一面。遗憾的是，我坐了一整天的慢车上台北，前去取票时，她却不在家。居住此家的人对于我已快联考了还有心情远道来看球赛，不免有些不解。看了球赛后不久，在上体育课踢足球时，我碰巧跳跃起来以头撞球，竟然把球撞进了球门，同学无不佩服我仅仅看了一场球赛，技术就大为精进了。其实那只是偶然，以后再也没有值得称赞的表现了。

我虽然心中很爱慕她，但婶母表现出希望我娶她侄女的心愿，我思考后，决定与她疏远。

后来，考上台湾大学要北上注册时，计划在嘉义停一二天，拜访文模的朋友，正好他的夫人也是婶母的女中同学。她到车站来接我，叫来一辆三轮车，那时我不知有什么想法，竟然不敢与她同坐，也叫来一辆三轮车，两辆车一前一后来到朋友的家。同时我也非常幼稚，竟把文模帮我写给她的信件原稿送给她，大概是要表达我对她的爱慕是虚伪的，不值得继续再与我交朋友吧。她默默地收了信稿就回家去了。

跟青涩的初恋道别

上了大学后，我以为她没有考取大专学校。大概是因为我寄了一本书到她嘉义的家，很意外地接到一张明信片，说她在台北读实践家政专科学校。在台北的第一次见面，她就要我教她生物，我回答我哪有资格给她补习生物课，竟然察觉不出她希望我常去见她的弦外之音。每次与她约会，我都骑脚踏车赴约，所以大半的约会都是一边推着车一边聊天。她一再要求我改搭公车，但那时我身体不知何处出了毛病，每次搭公车必会呕吐，所以没法如她的愿，以至于她经常要送我回学校后才搭车回去。

虽然和她在一起是非常快乐的事，但婶母对我期望的阴影始终驱之不散，我竟然失眠了起来，甚至到台大医院看精神科，医师给我开镇静剂，希望能帮助我容易睡眠些。后来我虽然不再服药，但一直到现在，睡眠问题依然困扰着我，稍有声响我就睡不着，所以每次回到家里，家里的时钟就全都要停摆。

我又做了决定，要再次中断彼此的交往，以免陷入更深的感情泥淖。大一刚放暑假，我们在植物园约会，并坐在一张长椅上，我示意有话要对她说，正要开口时，有位小贩前来兜售东西，经此打岔，我再也没有勇气说出准备要说出的话。她催促我说出来，还说不管我说什么样的话，她绝不会责怪我，我只能回答已忘记要说什么了。第二天我做了更蠢的事，竟在火车站打电话给她，要她猜我是谁，好像怀疑她另有男朋友的意思。她答说："你不是快要搭火车回高雄吗？怎么还有时间讲电话呢！"我一时哑口无言，只好快快地挂上电话，上车回家了。

回高雄后，妈妈要我去澎湖探望外公，他们竟然在马公答应了一门婚事，将来要我娶我的表妹——二姨妈的女儿。更不料，她陪母亲来我家玩，她母亲要她和我到外面走走，她回答说不想到外面去。但当我提议到外头走走时，她竟然跟我出去了。在她们要回嘉义时，我送给她在澎湖购买的文石，竟然画蛇添足，说本来是打算送给婶母的侄女，现在就先送给她，她当然觉得受辱，不愿接受。我想，这也好，反正以后我也不想娶别的人了。

在加拿大生活许多年后，有一次回到高雄，妈妈说知道她嫁来高雄的家，问我要不要去见她。她嫁给一位律师，经常帮先生抄写文件，管理办事处。我和妈妈去办事处找她，她请我们吃午饭，大方谈一些琐事，之后便再也没有见面。因为有过这么一段青涩的初恋，在朋友聚会时我经常开玩笑说："金瓯女中的女生最漂亮、活泼、大方、懂事、温柔，是最值得追求的对象。"

带着我的玻璃门书柜，去念大学

宿舍的空间一般都很小，很少有大一新生会把书柜也带到宿舍里。

前已谈及，高三的时候我突然对国学非常有兴趣，除了看一些训诂学的书之外，我还买了《资治通鉴》、"四史"、《御批通鉴辑览》等大部头的书。上台北读书当然要带这些书到学校去，于是就请求经营木工业的舅舅依我的需要制作个书柜给我。

书柜是L形的，约一米长，还装有嵌镶玻璃的一道开启的门和两道滑动的门。高凸部分的宽度正好装《资治通鉴》，其余的书就装在较低的部分。宿舍的同学看到这个定做的书柜以及里头装的书籍，无不对我刮目相看。

身为中文系状元，
一开口却总是念错字

　　南部的师资一向比北部的差，老师的口音经常南腔北调，当学生的无所适从。当时的物资也比较缺乏，老师也不会要求学生们购买字典一类的参考书，学校也没有特别要求老师教正确的发音，学生们相互之间以闽南语交谈，所以从小学以来就没有把"国语"学好。尤其是各类学科考试只考书面知识，字义的问题比较受重视，字音有没有读对，老师并不很在意，也很少加以纠正，所以我的"国语"讲得很糟糕，只要一开口，音调就出问题，很容易断定我是南部来的学生。

　　一九六〇年九月我开始大学生活，当时必修的国文与英文课都是依联考的分数分班，但中文系的国文课就由资深的老师来教。第一堂课，张敬（清徽）老师手拿着放榜的名单，第一个就喊了我的名字，要我读第一课的第一段。我记得是《史记》的某列传，只短短二三十个字，我居然念错了有十个字之多。系状元怎么会这样差！老师的脸色有点难看。在寒假回乡过年的火车上，一位学长告诉我，张老师向他们班同学说："一定是代考的。"

后来张老师渐渐了解我确定有一定的实力，只是读音太差而已。随着在中文系的时间越长，张老师越来越喜欢我，甚至在我被禁止回台期间，清徽老师还持续与我有所联络。所以我特别用心地拓印了一张甲骨拓片送给老师，那是一片很大的甲骨，两面都有刻辞，涉及一件大事，先在正面刻上卜问的贞辞，然后在背面刻上视兆后的占辞，等到卜问的事情有了结果，就写上验辞。因发生的是大事件，故又把背面的占辞和验辞抄写在正面上。上头有迄今所知唯一明显占断错误的记载，字迹很大，可作为书法欣赏。

大概张老师把拓片拿给金祥恒老师看，金老师等不及它的出版，就在《中国文字》三十八期（一九七〇年十二月）的《加拿大多伦多大学安达黎奥博物馆所藏一片牛胛骨刻辞考释》中加以介绍。金老师没有事先向我询问这片甲骨收藏的情况，报道有些错误，所以我在多伦多大学的老师史景成教授也写了《加拿大安省皇家博物馆所藏一片大胛骨的刻辞考释》，刊在《中国文字》四十六期（一九七二年十二月）加以澄清，并对部分内容有所讨论。后来我被批准可以回台了，每次回来，也都陪老师去听戏、吃饭。一九九一年，我出版《古事杂谈》时老师也替我写序，我出版了十几本书，请老师为我写序的也只有这一本而已，可见我多么珍惜张老师对我的教诲。序里老师说我为人诚恳，那真的是我对自己期许的目标。

大学宿舍里读武侠小说，
阅读团成员许多都成了大学教授

看武侠小说是当时学生们很普遍的现象。我先从漫画书，也就是连环画册看起。那时出租连环画册的小摊子很多，价格不贵，可以当场看，也可以租回家与大家分享。连环画册的内容五花八门，图绘大都是线条描的，也有取自电影的照相版。

小学的时候我对爱情故事不感兴趣，阅读常偏重于侠义故事，像《施公案》《七侠五义》《水浒传》一类的故事。后来我也开始养成了阅读长篇小说的习惯，尤其是武侠小说。

在中学时代，升学是学子们最重要的奋斗目标，任何妨害升学的事都被认为不正当，所以在学校里就一定不能让老师知道自己在读武侠小说，在家里也都是偷偷摸摸的，怕被家长发现而被责怪。在家里阅读时，每当有家人走近，就慌慌张张，用学校的课本把武侠小说给遮盖住。祖母不知其利害所在，有次竟然问起我为何读书还做这种慌张的动作。

大学时住进台大的新生宿舍，地段比较偏远，四周又都是田埂，交通不方便，别无其他的娱乐项目，只好用租来的武侠小说排遣及纾解学习的困顿。租来的书有期限，所以大家要尽快读完，以免错失归还期限。武侠小说的装订都是分册的，常常是书一被租来，大家就轮番阅读。好多现在当教授的人，当时都是我们阅读团的成员。

　　当时我另有一个封号。读书的时候我习惯用不同颜色的笔做不同的记号，所以上衣口袋经常带有几支书写不同颜色记号的钢笔，也是很另类的，因此得了"五星上将"的诨号。

第三章

不做传统的中文系学问

旁听文字学，初识甲骨文

　　高三在读《广雅疏证》时，我就了解到中国文字、声韵与训诂学之间的密切关系。所以上了大学，我就有很大的企图心，决定去旁听二年级的文字学与三年级的声韵学。戴君仁老师教文字学，以王筠的《文字蒙求》为主要教材。旁听了一段时间之后，觉得还不能满足我的学习目标，所以私下又阅读段玉裁的《说文解字注》，每当有疑惑时就拿去问老师。

　　印象比较深的问题，是读到"𥂗（盟）"这个字，归属在囧部之下。囧是窗子的象形字，盟字的意义是诸侯会盟，以盘盛血，从囧，皿声。以盘盛血而立盟好像是一种对会意字的解释方式，但结构的分析却又说是形声！段玉裁的注解又说盟字的三种字形本来都从"血"声，因血与盟的声韵不和谐，所以改为从"皿"声。我不理解，如果是从"皿"声，则"囧"的部分该为表达意义的意符，所以"囧"的意义应该与诸侯的会盟有关。但"囧"既然是个窗子的象形字，窗子又如何会与诸侯的会盟有关呢？如果依据段玉裁的注，"皿"是声符，则其篆文与古文的"明"的部分岂不是成为意符？那么"明"这个意符和诸侯会盟又有什么创意上的关系呢？

戴老师对我一连串的问题感到惊讶，一个大一学生如果因好奇而读《说文解字》也就罢了，竟然还能提出让他也难以解答的问题，所以对我刮目相看，也爱护有加，后来给了我好多的鼓励与帮助。系里对文字学有专攻的还有金祥恒老师，我也向他请教过好几次，那年文学院古文字学研究室的《中国文字》创刊，金老师送我一本，里头有篇他写的文章《释虎》，谈到虎字的甲骨文，就画一只老虎的形象，后来经过各种演变，逐渐成为现在的虎字以及隶书、草书等各种形态。我读了之后很受启发，了解到若要对中国文字的创意有正确解答，以目前资料保存的状况来看，应该从商代的甲骨文下手，因此就确定了自己以后从事学问的目标——甲骨学。

到了大一下学期，我开始经常请教金祥恒老师有关甲骨学的内容。金老师很高兴我有学习甲骨学的兴趣，同意让我在暑假期间到他的研究室——第十研究室（古文字学研究室）看书，因为所有关于甲骨学的书籍都存放在那里。考完期末考，心情已轻松，第二天一早，我就来到第十研究室报到。门已开启，但金老师还没到来，有位坐在门旁书桌边的女士让我进去。我坐在大桌的椅子上等候，并拿出带去的书来阅读。不久，有位个子不高的老人家走进来，问我干什么，我答说金先生让我来这里读书。他又问我现在看的是什么书，答以段玉裁的《说文解字注》，接着又问我读了有什么感想，我答以觉得书中有不少的错误。他一听到这个回答，竟然大声斥骂起我来，我一时呆住，也不知老人家动怒的原因，就动也不敢动，竟然接受了近半个小时的怒骂。等到他有点气缓的时候，才趁机赶快逃离围住第十研究室的人群。事后一打听，才晓得这位老人家是鼎鼎大名的甲骨学者董作宾先生，因为中风过，有时情绪不稳定，所以我才因小事被怒骂。从此我就不太敢接近第十研究室，怕遇见董先生。

董先生去世后，金老师就让我在第十研究室有个位子，并把研究室的钥匙交给我。学长黄然伟当时也有一个位子，他后来到澳洲读博士，就在那儿任教。那时系里还有两个研究古文字学的学长，一个是刘文献，但很少在学校见到他，后来留学日本去了；另一个是韩耀隆，比较偏重于文法方面的研究，后来到私立淡江大学任教。看来当时还有不少同学对古文字有兴趣，不像现在寥寥无几。

与表妹的婚约

　　被董先生一骂，我只好打消暑假留在学校学甲骨学的念头，而回高雄了。回到家后，妈妈要我到澎湖去探望外公，同时也听说二姨妈的女儿来我们家拜访过，而我的好朋友——高三的同班同学，也来家里找过这位表妹。于是我就依妈妈的意思，搭船去澎湖的马公找外公，打算住几天，礼貌性地拜访而已。外公先是育有三女，家母排序第三，被送给祖母后，外婆连续生育三个男孩。除母亲随祖母到高雄外，外公的子女都在马公成家立业，所以我有很多亲人需要一一前去拜访。外公兼营鞋店的家是在一条只有一米宽的老窄巷里，以前是马公最热闹的商业街道，名叫中央街，当时已没落，少有客人前来光顾、定做皮鞋了（现在已被改建为观光区）。外公也只把开店当作打发时间的玩意，整天在马公街道串门子，他还曾到处张扬我考上台大中文系第一名的讯息。外婆长年吃斋礼佛，除料理她跟外公的三餐外，偶尔也照顾一下鞋店的门面。我就住在外公家的楼上，白天一一到各位舅舅与姨妈的家拜访。

二姨丈在医院当总务，二姨妈在菜市场内经营日用百货的买卖，生意非常好。三舅妈就在其隔壁经营鞋店。初次拜访时，二姨妈问了很多关于我那位高中同学的事情。这位同学考上的学校不理想，所以没有去报到，想自修一年后重考。姨妈关心他之所以不去注册是否考虑到经济因素，表示可以给予经济上的帮助等等事情。二姨丈本是高雄人，在未搬到马公前，他们就住在我朋友家的隔壁，所以表妹和我同学可以说是青梅竹马。姨妈的话语让我感觉到姨妈有意将表妹许配给我的朋友，我也很高兴可以和我的朋友有更进一层的关系。

本来我打算在马公只进行短暂的拜访就回高雄，不料碰上了台风，澎湖与台湾本岛的交通完全中断，我只好继续住下去，等待恢复通航。姨妈也改变了话题，开始对我的状况做种种探问，包括个人的隐秘事，像有没有女朋友之类的事。还有，说她小时候与我母亲的交情如何好，经常偷偷帮助母亲等往事。隔天竟说母亲托梦给她，希望能促成我与表妹的亲事，让她们姐妹更加亲上加亲，因此希望我同意母亲的愿望，与表妹结婚。我感到相当诧异，原先不是有意要把表妹许配给我的朋友的吗？怎么却变成要许配给我了呢？我不知如何应对才好，回应说要私下与表妹谈谈才行。姨妈没有生育儿女，领养了一个女孩与一个男孩，我和表妹没有血缘上的关系，所以结婚是不碍事的。其实以前的社会还鼓励交表婚，现在是基于优生学的原因，法律才明文规定表兄妹之间不能通婚。

当时澎湖的民风非常保守，连已订了婚的人都不能私下见面，我的要求算是有一点难安排，不过，还是安排了表妹和我私下谈话。刚开始时，我们两人默默以对，不知从何处开口才好，毕竟是我请求要与表妹谈话的，所以我先开口问她和我朋友的交情，她回答因为小时候是邻居的关系，所以保持联络，但也只是维持普通朋友的关系而已。我再问她知道母亲要把她许配给我的意愿吗？表妹答说知道。那么，同意吗？答说同意。我那时正好戴有一个婶母买给我的金戒指，就脱下来送给她，她也回送自己所戴的戒指。婚事就这样定下来了。

我在澎湖拜访亲戚的这段时间，二姨丈正好出差到台湾本岛去了，表妹婚约之事没有被咨询到。姨丈很疼表妹，竟然没有参与这样重要的决定，当然非常不愉快，但我的学历和人品没有什么好挑剔的，所以并没有做太多的反对。我回高雄后告诉妈妈这件婚约，她觉得既然我本人已做了决定，就没有什么好反对的了，何况大家还都是亲戚呢！但要我暂时对婶母隐瞒这个消息，因为婶母有意要促成我与她侄女的婚事。从此我就与表妹频繁通信，培养感情。住宿舍时，一听到摩托车的声音，大半就是表妹寄给我的限时信到了。

担任系总干事要办到的三件事

　　大一下学期，中文系开始进行系总干事的改选。系总干事的主要工作是组织下一年度的迎新会，出版学生刊物《新潮》。如果有余力，再举办一些像演讲、郊游之类的活动。中文系的传统，总干事一向由二年级或三年级的同学担任，不知是由哪位同学开始鼓动的，我竟然同意与另一位二年级的学长竞选系总干事。我记得大家的投票意愿不高，我虽然得票数较高，但达不到法定的人数，我还得到各班级去争取签名，取得法定的当选数目。被选上系总干事后，我依惯例办了三件事。

　　第一是迎新会。同学们同心协力，有的负责买茶点，有的筹划节目，有的布置会场。印象比较深刻的是，某同学在黑板上展示书法，用粉笔写下几个"中文系迎新晚会"一类的大字，大家没有很费心注意他所写的字。来宾中有位傅宗尧老师，站起来斥责，读中文系竟然把字给写错了。大家很惶恐，问负责写字的同学，回答说是出自某一个碑铭，不是错字。原来南北朝的时候，异族统治中国北方，学习汉人文化，但是学得很不地道，经常写错字，以至于唐代有正字样的举动。这位老师的指责给我很深的印象，以至于我后来也不太赞同有些书法家以写这类的错字为有来源、有学问的态度。（有一次与日本来的某书法家同桌吃饭，他给我看他写的金文书体作品，我告诉他有个字错写成别的字了，想不到同桌的人异口同声地说，字写得对不对不重要，要紧的是笔势的韵味。）

第二是出版《新潮》。虽然我早在一年级的时候就认识高我一级的学长曾永义，他担任学校刊物《大学新闻》的主编，应该很有编辑经验，他也可能会答应我的邀请而来编辑《新潮》，但我想这应该是表现我们这一班能力的时候，所以就敦请同班同学黄启方来担任主编。我和启方在一起学习已有一年的时间了，我很钦佩他在文艺方面的能力。《新潮》出刊后的风评很好，这大半是启方首次展示他的才华。后来他和曾永义合编《"国语"日报》的"古今文选"，更当上了"国语"日报社的董事长。这一期的《新潮》我也贡献了一篇文章，不是启方卖的面子，而是教我们诗选的叶嘉莹老师，把我所写的作业作为投寄《新潮》的稿件而交给启方。我报告的内容是有关陶渊明的诗，用"致情"的笔名发表，这是我这一生中唯一一篇有关中国文学的文章。

第三是安排演讲。同学们很想听梁实秋先生的演讲，梁先生是研究英国文豪莎士比亚戏剧的专家，我们中文系的学生对于外国文学很陌生，梁先生的大名一定可以吸引来大批的听众。于是我去找系主任台静农教授，请台老师写一封介绍信，好让我比较容易邀请到梁先生。然后我找了哲学系的郭博文同学一起去梁先生的家拜访。梁先生接见了我们两个，很客气地解释他已好久不做公开的讲话，要我们另找其他合适的人。这次虽然没有邀请到梁先生，但已感受到一位大学者的风采。接着我独自去见文学院院长沈刚伯教授，他一下子想不出好题目，我建议讲明代的方孝孺，他说刚在别的地方演讲过，需要换个题目讲，改天再给我。后来沈院长给的题目是"从蟑螂谈到人"，讲题新鲜，果然吸引了非常多的听众。这次的演讲我闹出一个大乌龙，演讲的场所是文学院一楼的教室，不但座无虚席，连教室外也挤满了人，快到演讲的时间时，一位同学突然问我，为什么我还没有去院长的家恭请院长一起前来。我很懊恼自己缺乏经验，竟然没有想到要去迎接院长。我没有想清楚，也没有做必要的交代，立刻骑脚踏车飞奔前去沈院长的家，结果得到的回答是沈院长早已出门了。我立刻又奔了回来，沈院长已经开讲了，不知有没有人上去给做介绍。因门外挤满了听众，不得其门而入，我只好在门外忐忑不安地等待演讲结束。

专心研读文字学

　　升上二年级后，文字学是必修课，又是自己确定为目标的科目，当然要好好学习。这一年的文字学改由李孝定教授来教。李老师的专业就是文字学，尤其他正在编写《甲骨文字集释》，这本书的撰写体例是把各家对某个甲骨文字的解释汇集在一起，然后以个人的意见作为总结。李老师当然对甲骨学的资料非常熟悉，也是我求教的良好机会。因为被董作宾先生责骂后，一时不太敢接近第十研究室向金祥恒老师请教，所以这一年大半的时间都在向李老师求教。李老师大概没有碰到过这样对甲骨学有兴趣的大学部学生，所以也悉心教导。到了下学期，他告诉我一个申请研究专案的机会。原来美国某机构提供经费，在台湾设立东亚学术研究基金，重点是提供必要的奖助，以期提高对某些学科做研究的意愿与成果。奖金在项目上偏重于奖励学习冷门的学问，如选修蒙古文。如果申请从事研究专案类，还需要提交研究的结果。老师要我申请的是专题研究这一项，资格是讲师以下这一级。于是我拟了个"商代祭祀的研究"的题目，由戴君仁与李孝定两位老师共同推荐。应该是这两位老师的名望，才有可能让一位大二的学生获得东亚学术研究奖学金。奖金是八千元，为期一年，从下学年开始分四期支领。当时的宿舍伙食费一个月才一百八十元，可以想见能够得到这样高的奖学金我多么兴奋。

升上三年级时，屈万里（翼鹏）老师开设了《尚书》课。屈老师是有名的学者，在好几方面都有评价很高的论著。他最有名的是汉石经、经学与版本学的研究。在甲骨学方面，更发表了《殷墟文字甲编考释》，还有《河字意义的演变》《岳义稽古》等超过二十篇的论著，当然是我要仔细请教的大师。屈老师初次看起来有点严肃的感觉，后来才知道他非常温和，喜欢说笑话。

屈老师绝对能容忍不同意见的提出。记得讲到《高宗肜日》这一篇时，他根据甲骨卜辞的现象，反驳历来说《尚书》者以为是记载商代的高宗武丁祭祀成汤之事，认为应是后代的商王以肜祭祭祀高宗武丁。这一点是对的，因为要到祖甲的时候才有周祭的制度，但是又引用吴其昌先生的说法，怀疑祖己即武丁之子孝己。当时我已经在进行"商代祭祀的研究"项目，根据文献及卜辞，孝己被封为小王，但未即位就去世，所以在商王武丁已死而被祭祀的时候，孝己就不可能还在世而能对武丁有所匡谏。肜祭是周祭系统里头的一轮，是到了孝己之弟——祖甲的时代才成为有严密系统的祭祀，到了第五期帝乙的时代才又恢复其严格的祭祀制度。称呼祖己应是二代之后才有的称谓，祖甲之后的两个世代有严密的周祭，最可能是发生在第五期的帝乙与帝辛的时候。

在休息时间，我向老师表达了这个意见，老师大表赞同，下一节课立刻向同学们更正他早先的观点。屈老师后来成为我论文的指导教授，指导的就是有关周祭（五种祭祀）的研究。

影响我至深的甲骨文学者

　　大三这一年，我又认识了两位甲骨学者。其中一位是严一萍先生。严先生跟董作宾先生学习甲骨学多年，有关甲骨的著作很多，但他不在大学教书，而是创立艺文印书馆，大力出版甲骨学的著作，自视为董作宾先生的传人。金祥恒老师也是董先生的学生，所以把我介绍给严先生。文学院古文字研究室出刊《中国文字》都由严先生负责印刷方面的事务，他也邀请过我们到他在板桥的家吃饭。我赴加拿大后还和他保持着频繁的书信联络，一直到严先生在美国病逝为止。艺文印书馆如有出版甲骨方面的书，严先生大都会送我一部，甚至是《金文总集》这种大部头的书。后来我有好几本中、英文对照的著作，他不顾盈亏，都替我出版。

　　另一位学者是张秉权先生。李孝定老师是台湾"中央研究院"与台湾大学合聘的，研究室就设在台湾"中央研究院"的历史语言研究所；张秉权先生是历史语言研究所的研究员，甲骨室的主任，主要的研究是做《殷墟文字丙编》的缀合。我去台湾

"中央研究院"请教李老师，也就认识了张先生。张先生也看重我这位懂得甲骨文的年轻人，让我进入他的工作室，我在那里初次见识到甲骨的实物。

到了我大四的时候，张先生主动提出要我大学毕业后不考研究所，马上进入历史语言研究所当他的助理，他保证我当助理的升迁速度可以跟读硕士班一样快。我把这个讯息告知金祥恒与屈万里两位老师，征询老师们的意见。两位老师都反对我去历史语言研究所，认为通过研究所的渠道比较正确，进阶比较可靠。我也和张先生的助理——刘渊临先生很熟，他的专业是把甲骨上的文字给拓印出来，他把全套的拓印技术教给我，使得我日后能够到加拿大整理明义士博士收藏的甲骨。

未婚妻补习刺绣、裁衣、插花等才艺，为主持家计做准备

　　我的表妹萧幸花，初中毕业之后就帮她妈妈的忙，照料小百货店的生意，有时也到本岛来订购货物。姨妈非常会做生意，客人应接不暇，但表妹对于做生意之事并不是很喜爱。既然她的母亲把她许配给我，她就有了不做生意的借口，她想到台北来学习裁制服装等技巧，以为将来作为人妇，主持家计做准备。姨妈也同意她上台北来接近我，增加彼此的认识，所以她就开始在离台大不远的罗斯福路上的登丽美安学校补习刺绣、裁衣、插花等才艺。同时在学校的附近租个房间，我们就有很多在一起的时间培养感情，校园经常是我们课后的散心之处。

　　记得我之前领到东亚学术研究奖学金第一次拨款时，我就把全部的两千元，买了一条很粗的金项链送给她。那条项链不知几两重，看起来实在很俗气，但我还是个学生，没有社会历练，想不出在一个女孩子身上有什么东西可以花得掉两千元。不过，其他三次拨款，我就用来买书等，没有辜负东亚学术研究基金会奖励我从事研究的美意。

大学四年级时发表文章，
有幸识得几位教授

　　我向许倬云教授请教有关周祭（五种祭祀）的问题的时候，大概就是这一学年。五种祭祀是董作宾先生继有名的《甲骨文断代研究例》之后的力作，他出版了有名的《殷历谱》四大册。我的东亚学术研究题目包括这个子题，经过一年的初步研究，我的结论似乎和董先生的意见有些出入，希望能广泛和这方面的专家们有交换意见的机会。许倬云教授是美国哈佛大学的博士，刚回来台大历史系任教，还被选为"杰出青年"，是我们学生的偶像。他在《大陆杂志》十卷三期（一九五五年）还发表过《殷历谱气朔新证举例》，我想许先生对《殷历谱》的内容一定有很深的认识，所以透过历史系的朋友表达了想去拜访的愿望。许先生上完课后在教室接见我，我向许先生报告我对五种祭祀研究的概况。许先生坦白跟我说，他对《殷历谱》的推论过程没有很深的认识，只是补充董先生结论的一些证据而已。许先生虽然没有肯定我的推论是对的，但起码肯定我这么年轻，就能够对这么大部头的著作提出具有建设性的看法。后来在夏威夷我们再次见面，许先生给了我很大的帮助，让我永世难忘。

这一年也发生了一件有关张光直先生的事。张光直先生是旅美的中国知名考古学者，在《民族学研究所集刊》十五期（一九六三年）发表了《商王庙号新考》的文章。张先生发现商王的庙号可分为两大派别，这两大派别轮流执政，上下两代的关系是舅甥而非父子。我觉得似乎可以从商代举行周祭的规律的观点提出论辩。我归纳甲骨第五期对上甲以来先王、先妣所举行的周祭的名单和日期，从其祀谱编排的规律，发现商王法定配偶的数目不大于及位子的数目，母亲的特殊地位的取得是因为有儿子及位；早期的规律是母以子贵，后期才改为子以母贵，上下两代的王的血统关系是父子而非舅甥。于是写了一篇《对张光直先生的"商王庙号新考"的几点意见》向屈万里老师请教，老师就把它转寄至《民族学研究所集刊》的编辑部，看看是否可以刊登。

大家不相信一个大学四年级的学生有能力对大学者的论点提出辨正的意见，于是纷纷猜测那是屈老师所写，因为不好意思由自己批评前辈，所以要以我的名字发表。听到这样的传闻，我不免有点不平，又不是如何了不起的文章，怎么会说大学生没有能力撰写呢？但是心中也窃喜，可见文章写得有点分量，人家才会有这种揣测。后来《民族学研究所集刊》的编辑部寄来信件，也附有张光直先生的回答，问我打算不打算把文章抽回来不发表。我觉得自己确实有一些并非没理由的观点，而且一个大学四年级学生的文章能够登上台湾"中央研究院"的学术刊物应该是种荣誉，所以回答说还是想刊登出来，终于在一九六五年春天的《民族学研究所集刊》十九期刊出。

后来在海外，我有几次和张光直先生见面，大家又心平气和地做了一些讨论。甚至我在发表了有关以甲骨钻凿型态断代的专著后，张先生当面对我说，我收集的例证，在统计学上已达到可以取信的标准。后来在台湾"中央研究院"纪念傅斯年与董作宾两位先生的刊物的序里，更赞许我的钻凿断代为第十一个断代标准。我还获悉张先生两度推荐我回台来参加汉学会议。对于张先生处处展现出的大学者的宽广胸襟，且从来不因学术意见的不同而影响对某人的评价的态度，是我深深崇敬与佩服的。

这一年是我和李孝定老师来往最频繁的日子。老师正在撰写《甲骨文字集释》的最后阶段，我要义务帮老师做引文校对原文的工作，所以我经常搭来往学校与台湾"中央研究院"的交通车，前往老师的研究室，就地翻检书页校对，或把原稿带回学校来做。我很仔细地拜读过一遍全文，从而打下非常深厚的甲骨学基础。到了收尾的阶段，正值我大学毕业，需要服兵役，被分配到远离台北的地方，只好终止工作。老师在序里也提到我这段工作的经历。

四年级的时候，我选了郑骞（因伯）老师的元曲选课程。那时我对于戏曲的兴趣不高，只是想对中文系课程有个较通盘的认识而已，所以并不很认真听讲。有一次上课的时候，我坐在后排的位置，有点不专心，折了一只纸飞机把玩，正好老师转过头在黑板写字，我就顺手把纸飞机丢向窗外，谁知被风一吹，竟然由窗外飞进教室，而这时老师也写完字转过头来，看见纸飞机朝他飞来。我吓得脸色变白，只见老师从容地吟咏一句"窗外飞来一纸机"，又继续上课，并没有追究是谁的恶作剧。从此我对郑老师就存着一份愧疚之心，对他愈发恭敬。

有效率地自修日文

中学的时候我读到日本侵略中国的历史，对日本的文化或民族没有好感。那时日本电影在中国台湾很流行，尤其是爱情片，其人物衣着更是年轻人爱慕与模仿的事物。奇怪的是，我好像对这些东西不太感兴趣。记得那时有部影片叫《请问芳名》，几乎没有学生不看的，社会上也流行女主角头上所系戴的头巾，我也没有看过这部片子。但是在日本电影市场的冲击下，我也不能免俗，看了好几部三船敏郎主演的影片，尤其是《宫本武藏》。后来有一次我到日本京都访问京都大学人文科学研究所，看到有个电影院，放映中村锦之助主演的四集《宫本武藏》，我从早上看到傍晚，还是在戏院里吃的午饭。

家里的长辈都在日据时代长大，都会说日语，有时会用日语交谈，尤其是不想让我们小孩知道内容的时候。长久以来，我不但熟悉其语调，个别的词汇也懂得。大四在专心研究甲骨文的周祭（五种祭祀）问题时，知道除董作宾先生的著作之外，还有一本日本学者岛邦男所写的《殷墟卜辞研究》必须细读，因此开始自修日文，以期掌握正确的意义。东亚学术研究基金会给我的奖助，一部分就用来买一部录音机，请婶母录音而我自己跟着录音练习读音。可能是我自己主动想学习日文，所以进度比较快，不像英文，从初一以来就年年补考。不久也尝试用日文跟婶母通信。结婚后更结交了一位日本笔友，对我的后半生产生了极大的影响。

读完四年大学，往事如烟

大学读完四年，同学在赋别之际不免有留字、题词一类的举动。我由于没有文艺细胞，字又写得差，最怕的就是这种场合。但对于有才气的同学来说，不失为一个展现才艺的好机会。我记得和黄启方合作了一件事，他用当时的流行歌调《秋词》，填词二章，以抒写其即将毕业、母亲卧病、前程茫然的心境。我用文字学知识，以双钩的方式，用原子笔题写在一位同学的簿子上。同学们以为词意有共同的心声，又是流行的歌调，大家都会唱，立刻成为班歌。歌词不但在班上传唱，班上一位同学的女朋友的妹妹是电影明星，竟把歌词也传到香港的影星群，同学都津津乐道此事。歌词移录如下：

繁华如烟，一梦四年，风雨识得人堪怜。春教人怨，秋愁难遣，含泪笑语话君前。醉不成欢，睡不成眠，有几回月能圆！匆匆地来了，又匆匆地去了，回首已苍茫一片！

人生几何，去日苦多，何事使君空蹉跎？花飘叶落，天涯行客，莫为流云案凄恻。江上狂歌，林间长卧，也有无限欢乐。多少的新愁，多少的旧怨，不如随风吹过。

这年我也遭遇了痛失祖母的伤痛。因为母亲早逝，祖母有点自责，对我百般宠爱，借以作为没有母亲陪伴我生活的补偿。祖母因中风而长年躺卧床上，后来无法自行转动身体而需家人协助移动，以免皮肤溃烂。祖母是非常洁净的人，当排泄不能自主的时候，对她来说更加不堪。她知道我已有婚约，在弥留之前也早已交代手尾钱和纪念品给未来的孙媳妇。

我以讣闻向单位请两三天假期以便送丧。销假回来服务时，辅导长竟然跟我说，他已去过我家探查，确实在办丧事。我听了后心里非常反感，难道一个预备军官会贪图短短的两三天假期，印制假的讣闻来请假吗？或许他有职责上的必要，但何必告诉我呢？这不是明白告知政府对我们预备军官人格的不信任吗？后来他还拉我入党，我尽量拖延，直到退伍前不久才签申请表，赶不上入党的审核时限，所以没有成功入党。

读研究所，再拿奖学金

　　大学毕业，除了少数人，男同学都要去当兵。我在短暂的训练后被分配到云林县的北港空军警卫旅去当少尉行政官，可是报到后，很可能是为了不让我知悉部队的财务，名不符实地被改派任教官的工作。这是个小单位，业务是训练新兵以备分配到各单位去充当站岗的卫兵，每梯次的训练历时约两个月，人员约有一个连的数目，安排每一个月一个梯次的入营与结业，所以经常忙碌于迎新与送旧的仪式。这是我初次体验到腐败的体制，让我有厌恶政府的心态，所以后来我有赴加拿大的机会时，就毫不犹疑地接受，没有考虑到了新环境后是否能适应的问题。

　　一年的预备军官服役期满，一九六五年的九月我回到台大就读中文研究所。很快就恢复文章的写作，在《中国文字》十九期发表《燎祭、封禅与明堂建筑》，提出所谓的明堂建筑最初只是一座在高地没有墙壁的亭子而已，因采光明畅，故有"明堂"之称。它是临时的祭祀场所，不是久居之地，所以不必建有墙壁。后来祭祀山川在户外，就成为台坛，祭祀祖先在户内，就成为明堂。

这时，我也开始注意甲骨断代的问题，日本的贝塚茂树先生对董作宾先生的断代标准有异议，那是以后讨论到甲骨断代的问题时不可避免而要讨论到的部分，故而我把关键性的段落"甲骨文时代区分的基础——关于贞人的意义"翻译成中文，刊在《中国文字》二十期，让大家都能参考。

自从大学三年级以来，我对甲骨周祭的研究已有相当的成果，所以决定以之作为研究所毕业论文的题目。思考自己与金祥恒老师最为接近，而当时屈万里老师又远在美国的普林斯顿大学讲学，不在台湾，因此请求金老师当我的论文指导教授。但金老师说屈老师将来对我的帮助会更大，何不写信去美国，向屈老师请求。果然屈老师一口答应了，并要我自己先行研究。这年下学期我也以"卜辞中殷代五种祭祀的研究"的论文题目，再次得到东亚学术研究基金会八千元的奖助金。

高级英文课，
错把 Horse 当成 House

中文研究所学生本来没有必修的高阶英文课程，从我们这一届开始却要必修不算学分的高级英文课，目的是为了提高我们的英文能力。对大部分的中文系同学来说，这是很痛苦的事，起码我是如此感觉，但也不能不硬着头皮去修习，因为是必修课。在文学院里，只有中文系跟历史系的研究生要修这门课，上课的是位女老师，这位老师大概只教我们这一届，事隔多年，好像大家都记不起她的名字了。我只记得两件事，有篇课文描写到某人骑马，我竟然不识horse（马），把它看成house（屋子）。我想外国的巫师可以骑扫把飞行，大概也可以骑着屋子飞行吧。又有一次，老师看我的英文程度实在太差，不想为难我，要我用 verb to be 造个句子就让我通过。我知道verb的意义是动词，那to be是怎么一回事呢？我又没有办法即时请教同学，只好偷偷翻看梁实秋的英文字典，背了一句在黑板上写了出来。老师说不对。我很纳闷，再对照字典，没有错呀！后来才了解，原来be是动词，I am a boy 这么简单的句子就对了。我不能不悲哀我的英文能力。后来我竟敢到加拿大攻读博士，用英文教书，胆量也未免太大了。这门课，我竟也糊里糊涂地通过了！

借表妹来为祖母送葬，
"顺孝娶"妻

　　祖母过世的时候，大伯父当船舶公会的理事长，要大事铺张地办丧事，因此也决定向二姨丈商借表妹作为准孙媳妇过来送丧。办完祖母的丧事之后，父亲就与四叔分家，在爱河边的河北二路买了个三层楼透天的房子，打算一楼出租，二楼作为我将来的新房，父亲、妈妈与弟弟住三楼。根据台湾的礼俗，家中如有长辈过世，要么就在短期内结婚，叫"顺孝娶"，意思是依照老人家的意愿而结婚，所以不是不孝的行为，不然就得等三年之后才能结婚。既然我们已经把表妹借过来送葬，当然婚期就不要拖延太久，于是就在一九六六年二月，于高雄自家举行婚礼，喜宴就请总铺师在住家邻近的空地搭棚烹煮。亲友也提供歌舞的表演助兴，同班同学章景明上台致辞，开口自称"小子"，引得台下一片哄然欢笑。这一晚，宾主俱欢。系主任台静农老师送给我一幅字及一幅画作为贺礼。同学的礼物，还有印象的是张立青同学的一只小红木水牛圆雕。婚后不久，我们便在台北南机场的眷村——内人姑母家的邻近租房子，开始了一种新的家庭生活。我每天都能享受到妻子精心烹饪的菜肴，不是宿舍里的大锅饭了。

结婚的时候，内人陪嫁一辆日本原装的本田牌50CC的摩托车，我自然带来台北骑用。在二十世纪六十年代，摩托车算是高价的交通工具，校园里好像只有我这一辆，还不存在噪音的问题，所以可以骑车进入校园。我们租的屋子在偏离学校较远的南机场，有了这辆机车，上下班才方便。在这年暑假，我决定骑车回高雄。内人横向坐在后座，沿着省道，一路开开停停，当天停留台中，拜访表哥，第二天也同样开开停停，傍晚才回到家门。这是我这一生骑车最久的一次，也是最洋溢爱情的一次旅行。大家似乎都不太相信，50CC的机车能跑那么远而不出状况。

结婚后妈妈抱孙心切，非常关心媳妇有没有受孕的消息，终于等得耐不住了，向我提出要求。妈妈知道我不相信神道、迷信之事，就恳求我，说这将是她唯一一次对我有所请求，要我们夫妇随她去做"换花丛"的法术。所谓"换花丛"，是透过巫术将不受孕的花朵改换成能受孕的花朵。身为现代人，我哪会相信这等事，但是为了安慰父母之心，我们也只得顺从妈妈去接受这种巫术。妈妈在知道我将应聘赴加拿大后，更是强调没有孙子留在台湾就不让我们去。我们知道去看妇科才是解决之道。经过了多次看诊，终于在一九六八年五月七日——大儿子承旂出生了，我松了一口气，妈妈的愿望达成了，我们也可以安心出去了。

我给儿子命名承旂是有用意的。名字取自屈原的《离骚》："凤凰翼其承旂兮，高翱翔之翼翼。"说车行时凤凰承拿旌旗作前导，表面是期望儿子能像凤凰一样成才，其实我的意思是拿着旗子前导，推翻政府的贪污与腐败。三年后，第二个儿子漫修出生，名字也是出自《离骚》："路漫漫其修远兮，吾将上下而求索"，我的意思是改革的道路很漫长，要慢慢地来，急不得。

屈万里老师推荐我去加拿大
多伦多皇家安大略博物馆整理甲骨文

　　研究所二年级时，屈万里老师已从普林斯顿大学讲学回来了。第一次见面，老师交给我一个信封，打开一看，里面都是一张张盖过邮戳的旧邮票，是老师亲自用剪刀，从信封上剪下来的。老师怎么会知道我集邮？还主动帮我收集旧邮票。老师的举动比父母亲还要亲切，我感激得不知如何回应，心中立志，绝不辜负老师对我的期望，一定要在学术上有所表现。

　　老师还透露，他在普林斯顿大学讲学期间，加拿大多伦多大学的东亚系曾与他联系，希望老师推荐人才到加拿大去整理甲骨文。老师还告诉我，多伦多大学的史景成教授是他的好朋友，一定会好好地照顾我。有一天，老师要我去台湾"中央研究院"历史语言研究所，老师和李济之先生接见了我，原来请求推荐人才的信件是寄往台湾"中央研究院"的，所以他们两人共同推荐我去加拿大多伦多皇家安大略博物馆整理馆藏的明义士先生所藏甲骨。他们曾经向博物馆建议，让我利用整理甲骨所得的结果作为我在台湾撰写博士学位的论文，但是博物馆方面回答，如果我利用博物馆的材料作为取得博士学位的主要材料，那么就不能付给我薪资。所以两位老师转而建议我放弃在台湾取得博士学位的念头，将来再找机会在加拿大攻读博士。

我之所以选读中文系，一个很重要的原因就是英文程度太差，我自己实在没有信心可以把英文学好，更不用说有能力去攻读博士学位。但是一想到我在军中的一些体验，确实很想早点离开这个环境，于是当下就做了决定，答应应聘，放弃在台湾取得博士学位的机会。不久，也就接到多伦多皇家安大略博物馆的聘书，随时欢迎我前去报到。

练习拓印甲骨

接受了去加拿大的任务后，我就开始筹划去加拿大工作的一些必要准备。首先是练习拓印甲骨的技术。"中研院"历史研究所甲骨室的刘渊临先生指导我有关甲骨拓印的一些要点，我看了刘先生使用的工具后，回家后就请太太把她的长发剪下来，让我制作了两根扑打的工具，又去准备了一些必要的东西，同时屈老师也安排我到台湾"中央图书馆"（现在更名为台湾"国家图书馆"）去练习。

台湾"中央图书馆"收藏有原属于台湾历史博物馆的几百片大大小小的甲骨，可以充分地让我学习拓印甲骨的各种情况。私下里我也借了一块印刷用的铜板不断练习，以期提高自己的技术。我后来出版的甲骨拓片书，在同类出版物中堪称精美之作。

会见博物馆的主管

　　为了赴加拿大，虽然博物馆不在乎我的英文程度如何，甚至还会为我聘请一位懂中文的人当我的助理，但我也需要自己稍微加强一下英文的能力，于是报名补习班去学习会话。不过也只补习了一个月，觉得毫无进展就中止了。

　　那时要聘请我去工作的部门主任——亨利·楚布纳博士，正好到台湾来参加关于陶瓷的研讨会，希望能见我一面。屈老师把楚布纳博士住宿的旅馆号码告诉我，要我自己去联系会见的时间与地点。我当时的英文程度哪有能力在电话上交谈，但这是不能不做的事，只好硬着头皮拨了电话，好不容易结束会话，我整个人紧张得近乎虚脱，只得躺卧下来休息一会儿。等我把见面的时间向屈老师报告时，屈老师说，不会吧，楚布纳博士离台的班机在早上，怎会约在晚上见面呢？我晓得自己听错了，第二天早上前去旅馆，楚布纳博士还请了来台湾开陶瓷会议的屈志仁博士当翻译，表达了欢迎之意，询问办理签证的进度，并探询有何可帮忙之处。不过当我半年之后到博物馆报到时，楚布纳博士已转职到美国西雅图的博物馆了。

我的感情生活，像连续剧一样

　　赴加拿大途中，曾取道东京。我的笔友这时已高中毕业，来到东京就读一间护理专科学校。她到车站来迎接我们，建议先去在长野县乡间的家里玩，于是立刻提着行李又搭火车上路。她的家人很热心地招待我们，饭后我们三人在客厅聊天，内人根本不懂日语，因此是我们两人在对话。笔友提议唱歌，挑来挑去，两人都会的是当时很流行的《爱你入骨》。她唱的时候很入神，让我有一点警惕之心，谨防闹出感情的问题。她家的洗手间设在户外，早上天未大亮，我摸索着前去，在昏暗中被一个人影吓了一跳，她从背后抱住我，两人笑成一团，算是我们两人最亲密的一次行为。

　　第二天，她的家人开车载我们去有名的风景区轻井泽游玩，住进旅馆内要洗澡时，发现只有男女分别的大众浴池，房间里没有个人的洗澡设备。我曾经当过兵，大伙儿在一起洗过澡，可以接受和陌生人裸裎相见，但是内人从来没有和除我以外的人一起共浴过。最后想出办法，等大家都洗完澡后，清空女浴室，让我们两人在女浴室里洗澡。

回到东京，我们三人一起去皇居参观。那时距离笔友的生日很近，我就想买一样礼物送给她，免得以后邮寄麻烦。那时候晶体收音机是新产品，我就买了一个比较大、功能比较好的送给她，而买了个袖珍型的自用，她很受感动。在后来的通信里，她要我读作家川端康成的短篇散文《伊豆的舞娘》，文章描写一个书生在旅行中邂逅一个流动卖艺团，在短暂的接触中，和团中一名女舞蹈员产生了一种短暂的若有似无的微妙感情。我当时确实也不能领会这篇文章的要点，回答说我的日文程度还不能欣赏这篇有名的文章。现在回忆起来，她可能有点在暗示她的感情。

后来，我跟日本笔友有了两次会面。

在前往加拿大应聘的途中，已与内人见过日本的笔友，并在长野——她父母的农家住了一晚。我到了加拿大之后，继续通信，她对我爱慕的告白越来越无顾忌、越来越大胆。一如在台湾，每封信我都翻译给内人听。笔友说爱一个人是无罪的，我答说我只把她当作笔友看待，不会做更进一步的发展，如果表现得太过分，我会拒绝回信。她就回答说，如这样，世界就会少一个人。在我二儿子诞生后，笔友更说那应该是内人非要为我生的，使内人觉得她太过分了。后来她好像是在试探我，说她所照顾的一个法国病人向她表示爱慕之意，向我征询意见。我答以病人的感情是不稳定的，要谨慎考虑，但不表示我反对他们结合。在我要前往日本研究甲骨之前不久，笔友来信说已经跟那个法国人同居，还描写日常生活的一些快乐情事。我于是祝福他们生活快乐，也说到东京的时候会去探望他们。

到了东京，笔友竟然独自来看我，招待我去一家欧式的馆子吃饭，然后带领我去皇居前的广场，坐在草坪上聊天。我有点感慨，为什么他们不正式结婚呢？分别的时候，笔友说若下次有机会来到东京，一定要再相会。我答以如此徒增感伤，不如不见面。但是回到旅馆后，我突然有股冲动，打了电话给她，用英文说话，不管笔友听不听得懂，单方面向她叙说她不该与他人同居之事。我想，她的同居人听到了我在电话中的话语。

在京都看完了甲骨，返回东京时，我在旅馆给她打了通电话，问她要不要再见一次面，她要我第二天早上再打电话给她，看看能否抽出时间来。我和她打电话时使用暗号，免得同居人有接听的尴尬。暗号是铃响三次之后挂线再打，结果没人接听电话。一整天，我就在旅馆中打电话没有外出。次日我搭机来台北，给她写了一封信，信中我谴责她不接电话的不是，还说只要说一句话、一个暗示，我就知所进退，不再骚扰，她不应该要我打电话而不接听，我以后不会再写信了。

事隔多年，我旅行回来后不久，意外接到日本笔友的来信，信上说我在日本时，她虽约了我要通电话，却没有依约接我的电话，原因是男朋友不许她接，问我能不能原谅她。我回信，那不是什么不能原谅的过错，所以我原谅了她。立刻又得到来信，她想来加拿大看我，问我能不能接受。哪有拒绝朋友来访的道理，所以我回答说欢迎光临。结果笔友真的来了。我和内人到机场迎接，握手后的第一句话，就问她来加拿大有什么旅游的计划，她答说一切看我的安排。我想我能做何种安排呢！舅公租给我的房子，空荡荡的地下室已隔了一个房间，床、桌、椅也都是现成的，于是没有与内人商量，就自作主张把她安置在那个房间。时值冬天，加一个电暖炉就行了。

现在回想起来，我没有就笔友的事与内人充分沟通是大大的错误。但我一向是一旦做了决定，就不再犹疑的人，让笔友在家里住了下来就成为既成事实，其他的事再慢慢考虑。笔友说她有位学姊住在多伦多，我联络上对方，就开车送她去见面。这位学姊在一户人家当家庭保姆，极力向笔友游说加拿大的美好，要她想办法留下来。经过这次长谈，我想笔友有长期住下来的打算，这样就得有相应的准备，要取得合法的居留权。护士在加拿大很缺乏，如果通过检定，找工作绝对没有问题，而要通过检定考试，首先就得学好英文，所以就报名免费训练新移民的英文课程。

对于这位笔友，我不能不说有一种特别的亲切感，但我了解自己的责任，绝不会有越轨的行为。对于这一点，内人是有把握的，所以不会过问我们的事。笔友会溜冰，我就再次把之前搁置的溜冰鞋拿了出来，两人经常一起去溜冰，或是去听音乐会、散步。

有一件忘不了的事：我们全家四人加上笔友、笔友学姐及另一个人挤进我的小车，由我开车前往尼加拉瓜瀑布游玩。那天路上积满了白雪，去程平安无事，我们尽情观看美景。回来的时候，在上桥的路段，车轮卡到柏油路的边缘，我的方向盘一时控制不住，还来不及尖叫，轿车已飞下溪谷底部，幸好积雪非常厚，整部车埋在雪堆中，竟然一点损伤也没有。众人爬出车子，一面庆幸毫发无伤，一面烦恼如何把车再开上路，这时正好有一队童子军出现，立刻回应我们的呼救，合力把车子抬上公路。我虽然两手不能控制地颤抖不已，但由于只有我一个人有驾照，只好硬着头皮把车子给开了回来。

由于我和笔友形影不离，无忌讳地双双进出门户，内人感受到朋友的压力，终于找我谈话。她说我太不给她面子，朋友都已看不下去了，要我收敛一点。我高兴得不得了，这岂不表示我太太吃醋了吗？由于内人对于情爱之事很冷淡，我非常高兴她有这样的谈话。

笔友自从上了英文班，认识了很多年轻人，有时也到家中来，其中有一位我不太喜欢。有一天晚上，我感觉到客厅有说话的声音，就起来一探究竟，知道她在跟人讲电话。我没有添加衣物，就在厨房等她讲完电话，我纳闷为何她要选择这么晚的时候打电话，但没有询问原因。结果我受了风寒，不能上班。我就告诉内人，要请笔友搬出去。内人反对，理由是笔友在加拿大无亲无戚，而且人家会以为是太太授意的。我一向遵从太太的意见，但这次，或许是自己有点吃醋，笔友不是说全看我的安排吗？怎么就结交了男朋友？或许是要报复在日本时她没有接我电话的不满吧，我要求笔友搬出去，她只得照办，我用车子帮她搬家。基于一时的报复心理，我虽然请笔友搬了出去，但对于她的安危也不能不关心，我几次到她的居处，想问她有何可以帮忙的地方。第三次见不到她时，我就留下一封信，表示在经济上可以帮忙的用意。不久，我接到她的电话，要求我当她的主婚人。原来那天晚上她打电话给一位移民至加拿大的日本年轻人，是我错怪了她，还以为她是打给我不喜欢的那个人。我当然欣然接受任务，一起陪这对新人到市政厅办理公证结婚的手续，这对新婚夫妇也请我们全家到新房用餐庆祝。新郎独自来加拿大闯天下，在一家汽车修理场当技师。不久我们搬到郊外，他们夫妇也几次来我家做客。如果我的旧车有什么情况，他们也会前来义务修理。过了一两年，他们觉得温哥华比较有发展潜力，就搬去那里，但仍然保持联络，互送生日礼物。每次我在温哥华转机要到远东旅行，都会在机场给笔友打个电话，她就会用手推车载着小孩前来见面，交换两家的近况。又过了几年，大概发展还是不尽如人意，他们就全家搬回日本去了。她从此再没有给我写信，结束了十几年的友情。她写给我的信，我本来妥善保存，依日期装订起来，但有一天，我把全部的信件都烧掉了，表示结束这段友情。

夫妻感情生隙

我深爱着同时是我表妹的内人。但发生了两件事，让内人对我的作为甚为不满，甚至怀疑我的人格有严重缺失。

第一件是我的大陆之行。内人反对我陪老师去大陆旅行，我则是因为读了不少有关中国文化的书籍，而且不少朋友也去过了，都表现出很佩服的样子，所以也想亲自去体验一下。我一向很尊重内人的意见，但这次却坚决要去大陆旅游。不愉快的后果果然发生，不但我不能回台去探视亲友或从事学术活动，两人在台湾的家庭也受到了干扰——甚至包括邻居与亲戚，所以内人怪罪于我。

第二件就是请笔友搬出去的事。她说对方千里迢迢来到加拿大找我，在加拿大无亲无依，也没有经济基础，如何生活下去？而且不知内情的人一定会认为是太太不容人，对她的形象有所损害，我是一个无人情、无人性的人，所以才做得出这样绝情的事情。尽管我向内人解释已留下一封信给笔友，愿意在经济上有所帮助，但她对于我人格的判决已然确定，我已不再是值得她敬爱的人了。

　　表面上我们的生活不受影响，但我知道，在她的内心里，已经没有我这号人物了。我只是她的表哥，不是她的先生了。

一一 预言成真的算命

我们婚后，父母亲偶尔会从高雄来看望我们，听邻居说青田街有一位命相师非常灵验，于是妈妈就前去请教，免不了也会替我算上一命。这位命相师批算一次流年收费五十元，这在当时算是蛮贵的。回来后妈妈交给我一张黄色的纸，上头写有我这一生的重要预示。重点大致是：

结一次婚（说家弟结三次婚，结果却结了四次婚），有两个儿子（妈妈看到这个预示非常开心，也心安了许多）。年底赴加拿大，到海外后有几年将不准回台，但一旦回来，回台湾就会像进厨房那么频繁。三十三岁获得博士学位。四十岁当小主管。然后当小名人。五十五岁改变生涯。

预示到此为止。当时我根本不在意这种对我未来的预示，只是心疼花费太多而已。想不到经过四十年的岁月，这些预言竟然一一如实地呈现出来。

第四章

在博物馆里做文字学

进入博物馆的远东部门工作

　　皇家安大略博物馆原是多伦多大学附属的单位，后来因为扩充很快，就于一九六八年分开，与大学同为省府的直属行政单位。博物馆坐落在市区地铁站"博物馆"的旁边，也有公车站牌，交通非常方便，为安大略省的旅游重点，每年访客超过百万。我后来主管远东部，曾想加强与台湾博物馆界的关系，故受邀撰文，在《历史博物馆馆刊》第四卷第二期（一九九四年四月）刊登《加拿大安大略省博物馆介绍》，给予简略的介绍。

　　此馆于一九一二年立法创办，一九一四年正式对外开放。此馆的成立得力于一位积极募款的银行家与一位热心到全世界收集标本的考古学家。博物馆成立时只有五个部门：考古、地质、矿物、古生物、动物。但在我报到时，已扩充至十九个研究兼展览部门。自然科学有植物学、鱼与爬虫类、古无脊椎动物、古脊椎动物、无脊椎动物、哺乳动物、矿物、鸟类、昆虫类。人文科学则有远东、西亚、欧洲、希腊罗马、埃及、新世界、加拿大、民俗学、纺织、现代，还有只从事展示的天文馆。辅助的单位有注册、修护、展览、公关、教育、守卫、图书馆、义工等部门。研究部门的人员编列，一般是每一部门有三位研究员，配以加倍的助理人员。但非研究的部门，视情况而定，有些则有二三十名职员。由于博物馆原先是大学的一部分，部分研究人员具有大学聘约的关系，就保持有十九个所谓cross appointment的名额，正式登录在大学的教授名单上，我后来也争取到一个名额。

博物馆非常重视文物的保护，目标是收藏与展出。展出的指导原则是普及教育，以十一年级为主要对象，故访客有一半以上是事先安排的学生班级，展示的内容也都有鲜明的主题，这对我之后的研究工作有很大的影响。

我服务的远东部门被视为此博物馆的明珠，因为它号称中国以外的十大收藏地之一，有些藏品甚至是独一无二的。我报到时的博物馆主楼是个三层工字形的砖砌建筑，地面的一楼约各有一半面积分别展示自然科学与人文科学的展品。二楼为自然科学的展示区，三楼为人文科学的展示区，远东部的主要展示设在三楼的后半部。我们的办公室和收藏室就在展示厅之后的一角，自有升降梯上下，但我的工作室却是在展厅中的一个收藏室。办公室还附设我们专用的图书馆，主要收藏有关美术与考古的书籍，供研究人员参考之用，但也开放给外界的人士，以便在馆内阅读。

远东部收藏的范围为阿富汗以东的亚洲地区文物，主要是中国，其次是日本与印度。中国的收藏在馆中最为有名，除三楼的主要展区之外，一楼最显眼的大厅就展示中国大型的文物。中国文物的收藏以青铜器、历代陶俑、甲骨文、历代陶瓷、宗教文物最为有名，而绘画与书法就颇为贫弱。

加拿大与中国并没有超乎其他国家的亲密关系，为什么会特别加强中国文物的收藏呢？原来与三位收藏者有关。最重要的是一位英国皮货商，名叫乔治·克拉虎氏，他到中国除了收购皮货之外，同时也很有眼光地收购中国有价值的文物，然后再将文物售卖到西方去。他有一次旅行到多伦多，住在博物馆对面的旅馆，在旅馆中看到一张明信片上印刷的辽代三彩陶大型罗汉圆雕，原来就是他卖出去的东西，于是特地前来博物馆拜访，但是馆长因故不在办公室。创馆的馆长柯雷利博士在回访时，感受到克拉虎氏的重要性，便鼓动其三寸不烂之舌，终使克拉虎氏答应义务为博物馆在中国收购文物，但条件是经他收购的文物都要署上他的名字，从此大量的中国文物源源不断地运进馆里来。

第二位是怀履光主教，他被派到中国的河南地区主管基督教的传教事宜，他对青铜器时代以及宗教的文物很有兴趣，本身也是个学者，便收集了很多这两方面的文物，还因此被批评在这方面挪用了很多教会的款项，妨害教务的发展。第三位明义士先生，也是基督教的传教士，参加过考古的发掘工作，虽然本人没有很多钱，但不放过任何看起来不起眼的地下出土品。他除了全世界个人收藏最多的甲骨之外，还有很多各类的先秦出土物品。

整理传教士明义士先生的甲骨收藏

明义士是这位先生到中国传教所使用的中国名字，在传教之余，他努力学习中国文化，在二十世纪二十年代接触甲骨文后，就热心地投入研究，也收购甲骨。明义士先生可以说是唯一在中国的大学教过甲骨学的外国人。我在出版他收藏的甲骨拓本集里有些介绍，甲骨学有些重要的发现是他首先启端的，如后来董作宾先生证实的卜辞中卜与贞之间的字是人名，是他先如此提议的，又如甲骨刻辞与《周易》卦爻辞之间可能的关系也是他首先提及的。甚至我发现的以钻凿形态判断甲骨年代的方法，似乎他也注意到了，可惜他毕竟是外国人，引用中国典籍的能力大受限制，不能像中国人一样撰写长篇大作，否则对甲骨学的研究当更具影响力。中国的甲骨学会把他评选为百年来具有影响力的二十五位学者之一，是非常中肯的。

明义士先生到底收藏有多少片甲骨，由于在战争期间曾经受到破坏，他本人也未留下确切文字，所以没有确切的数据，但应该超过五万片，就以现在保留以及发表的来说也接近一万片，这个数量也是没有人可与之比拟的。可能在一九三八年年底之前，他匆匆忙忙把部分甲骨带回加拿大来，来不及带回的部分文物就拜托友人埋藏在齐鲁大学校内。回加拿大后，虽任职于这个部门，但还没能充分整理这批东西就与世长辞了。明义士先生的儿子明明德，后来当了驻中国的大使，于一九六〇年把明义士先生带回来而存放在远东部的甲骨卖给博物馆，条件是由该款项聘请学者整理此批甲骨，并发表研究成果，我才有机缘接触到这批珍贵的甲骨收藏。

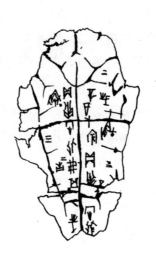

拓印甲骨文

在台湾时，我就用内人剪下的长头发制作了两把扑打用的工具练习拓印甲骨。甲骨文的刻痕非常纤细，人的头发够长，纤细而有弹性，效果比较好。看到很多拓本没有我做得精细，恐怕工具是个重要的因素。博物馆事先为我聘请了一位助理——帕蒂·威尔逊小姐（出嫁后成为博拉克特太太）。原来的用意是对我工作时使用的语言交流有所帮助，后来却发现她学的是广东话发音，难以达成预期的效果，不过还是可以用笔谈的方式勉强沟通。因为要赶时间在两年内完成，我不能够等待完全研究清楚后才将甲骨有规律地编号。威尔逊小姐负责先把每片甲骨，不管大小，都写上馆藏的编号，让我拓印后可以立刻依之在拓本上写上编号，以方便日后的整理与研究。每片甲骨都有一组三个单位的序列编号：第一个单位是进馆的年代，第二个是全馆该年收藏的序列，第三个是某批文物中的序列号。明义士的甲骨就从"九六〇·二三七·一"编列到四千多号，没有文字的就从五千号开始。

拓印甲骨文字需要非常小心，因为甲骨本身骨质脆弱，加以在背面凿有密集的洼洞，以便利烧灼后兆纹的形成，所以容易被敲裂。最好的办法是，首先把蜂巢的蜡加热溶化，等蜂蜡稍微冷却而有可塑性时，就把蜡挤压在甲骨的背面上，使之间没有空隙，然后再用蜂蜡做个更厚实的底座。等蜂蜡的底座完全变硬后，敲打在甲骨上的力道就会传达到底座而不太会伤及甲骨。在甲骨方面，首先要把刻画的线条清洁干净，经过地下三千年的埋藏，有时线条中的泥土凝结如水泥那么坚硬，要小心地用针尖轻轻剔除，如果不小心，就会在表面上剔刮出线条来，造成讹误的笔画。

接着在甲骨的表面刷上有黏性的水。一般用白芨泡在水中一段时间，水就会有黏性，但是白芨有时会发霉，后来我改用松香就没有这种毛病。松香虽然有颜色，但稀释于水后，颜色不显，没有什么影响。接着，把细薄而有韧性的宣纸覆盖在甲骨上，用水稍微湿润覆盖的部分，再用一张较粗的纸（比较便宜）放在上面，然后用头发扎成的扑子在上头敲打。敲打的用意是把宣纸打入线条的刻沟之中，同时使宣纸黏着在甲骨上。

等宣纸差不多干燥了，接着要用拓包沾染墨汁轻轻扑打在宣纸上。拓包要做得有弹性，于是我用玻璃纸包住棉花，再包在绸布中做成有平面的形状。拓包越大，上墨的面积就越大，完成起来当然比较快。但是甲骨某些表面是不平的，大的拓包打不到凹陷处，所以要准备不同尺寸的拓包，有小至火柴棒大，有大至十厘米的。拓墨的动作要上到几十次，拓本才会乌黑光亮，字迹清楚。最后一道难题是把宣纸从甲骨上揭开，有时候粘贴得太牢固，就要持续用口呵气以湿润纸张，一点一点地慢慢揭开。如果用心太急，或粘着太牢固了，使纸张揭破了，就只好重新再做一次。如果没有耐心，很难把拓本做得好。

甲骨失窃

在整理甲骨期间，有一天我发现了一些老旧的照片，其中有馆藏的甲骨。一查验，发现其中有一些与某人所公布的甲骨收藏是同样的东西。照片上有博物馆的旧编号，而一查访客的记录，此人也曾经单独在库房中研究馆藏的甲骨，很显然，此人把博物馆的东西据为己有了，我有责任把发现报告上级。那时部门的主任正好在出国旅行中，我没有想太多可能的后果，以为事不宜迟，便立刻报告职务的代理人，代理人也立刻呈报给馆长。馆长立刻搭机前往当事人服务的机构，并会同警察前往当事人的住家搜查，结果搜出超过百片甲骨。当事人承认窃取馆藏甲骨的事实，但请求原谅。这一批甲骨大都是精品，后来发表在《怀特氏等所藏甲骨文集》里。

想不到追回失窃的藏品竟然会对我个人的工作造成困扰，部门主任回来后得知此事，竟然诘问我为何不等到她回来才报告，她可以透过私人的关系把事情解决得更为圆满。后来我才了解到，此人是主任的好朋友，并探询得知，被窃的部分甲骨寄存在某人处，当日没有被搜索到，但我始终不敢再提及此事。经此一事，让我学习到工作与人事关系的复杂性。

英国牧师来访

在整理明义士甲骨期间，有一位英国牧师前来拜访。他自我介绍说是明义士先生在齐鲁大学的友人。当年明义士先生匆忙离开中国而不能将收藏的甲骨全数带回加拿大，曾委托他把部分甲骨埋藏了起来。只有他知道埋藏的地点，但是他尚未把地点告知中国，问我有何建议。我建议，甲骨好不容易在三千年后出土了，不应使之再度埋藏于条件不稳定的地下而导致毁损。甲骨不单是中国的文化遗产，也是全人类的文明遗产，为了不让无辜的历史文献遭殃，最好秉持良知，将信息告知当地政府，让文物早日得到应有的保护。

有可能我诚恳的呼吁有了效果，不久中国便报道在齐鲁大学的校内挖到甲骨的消息，但大都已成粉末。我当时很惋惜这位牧师没能早点告知中国，以至于珍贵的文献遭到毁灭。可是后来我听到内幕消息，这批东西完好无缺，转而收藏在北京的故宫博物院，就是我依拓本编辑的《殷墟卜辞后编》的原来甲骨。（后来在二〇一五年四月，北京故宫博物院决定整理馆藏的两万两千片甲骨，大部分属于明氏旧藏，或因我在甲骨文的断代方法上有所研究，邀请我到故宫开筹备座谈会，或演讲我整理甲骨的一些经验。）

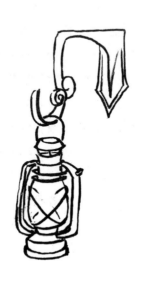

慢慢学习英文，用英文授课

可能是我自己的舌头太厚短的缘故，我没有办法顺畅、正确地发音，连"国语"都说不好，更不用说外语了。刚上班的时候，同事们经常听不懂我说的英语，还得要我把字拼读出来，甚至还要书写出来。印象最深的一次，三位同事想认识一点甲骨文，我画了个"戈"字，是一把长柄的武器形（　）。我要表达的意思是weapon（武器），可是嘴巴却念成wale bone（鲸鱼骨）。她们都不能理解为何要使用鲸鱼骨去制作，一再问我为什么。我焦急地反问，难道看不出是画一把武器的图形吗？她们还是回答说看不出。最后我把英文给写了出来，她们才恍然大悟，原来我要表达的是武器而不是鲸鱼骨。幸好我被聘用是因我的甲骨学知识，否则前途不堪设想；幸好我们的主任时学颜博士是中国人，英语、法语与"国语"都非常流利，如有不能沟通的时候，最后总有了解我意思的人。在周围都是外国人士的环境里，我慢慢学习英语，后来竟然可以攻读学位，用英文教课，也当起了主管。

发现周祭的新观念

整理明义士先生收藏的甲骨，很快就有两个发现。甲骨的质地颇脆弱，出土时常碎裂成小块，如果能把小块缀合成大块，使断裂的刻辞恢复更为完整，则利用的价值就更高。因此，当我的助理帕蒂把甲骨个别写上编号后，我会习惯性依甲骨所属的时代分成几堆，以方便在同时代的甲骨堆中寻找可能缀合的小块甲骨。

有一天，助理帕蒂拿了两小块甲骨问我是否有可能缀合起来。我一看，同是龟背甲，颜色、厚薄都相同，齿缝、斑点也都密合，我毫不犹疑地说可以。可是一读上头的刻辞，一版是辛亥协大甲配妣辛，一版是己酉协祖乙配妣己，就不能不对刚才的认同有点犹疑，因为两者分属于不同的周期系统。可是不论从齿缝、边缘、颜色、厚度，还是斑点、盾痕等等特征来看，这两片甲骨不可能不是一版之断折。我也想到了，以前公布的甲骨刻辞里，也有翌工典与翌上甲之间多空出一旬的现象，这会不会是一种新的现象？例外的空旬也可以安排在其他的位置上？于是又细心检验馆藏记载周祭刻辞的碎骨，终于找到可以缀合的七版碎骨，于是在《中国文字》三五期（一九七〇年三月）发表《殷卜辞中五种祭祀研究的新观念》，得出结论：在三十七旬周期的周祭系统时，多出的一旬可以安排在任何一个位置，而不是以前认为的只在工典与上甲之间。商代的周祭系统以三十六旬与三十七旬的周期交互举行，显然是反映一年的日数为三百六十五日的事实，额外的一个空旬可能就是调整天象的一个据点。

另一个发现是更重要的钻凿断代。董作宾先生发表了甲骨断代研究例，从刻辞的现象归纳出甲骨断代的十个标准，但是其中某一类的刻辞，学者对于其年代却有两个不同的意见，相持不下。我提出的钻凿断代提供了一个不同的切入点，应该有利于解决争论。殷墟出土的甲骨，为了让占卜烧灼后兆纹能够容易显现，在背面都挖有凹洞，学术界称为"钻凿"。一般学者没有看过真正的甲骨，看过的学者也没有长期的接触，所以都没有发现不同时期的甲骨，其上的钻凿形态有何不同，自然也不会想到钻凿形态和时代之间可能有一定的联系。

在拓印甲骨上的文字时，我要先用蜂蜡制作底座，借以分散打在甲骨上的力道。拓印完成后自然要把底座的蜂蜡清理掉，恢复成干净的甲骨，同时蜂蜡的底座可以再次融化使用。清理的时候，一定会看到甲骨背面的形象。在清理了一段时间之后，我慢慢感觉到不同时期的甲骨上的钻凿形态有所不同，就开始特意观察，确定钻凿形态对甲骨的断代具有启发性，因此就在《中国文字》三七期（一九七〇年九月）发表《钻凿对卜辞断代的重要性》，写出一系列文章中的第一篇。从钻凿形态来看，圆凿大于并包含长凿的例子出现于第一期。只有圆钻的形式见于第一、第四期及王族卜骨。长凿旁有圆凿的形态基本只见于第一期。王族卜辞的一般性钻凿形态也近于第四期与第五期。在骨下方表面施长凿的只出现于第三期、第四期以及王族卜骨。凿长短于1.5厘米的，只出现于文武丁与王族卜骨。从以上种种现象，得出第四期与所谓王族卜骨应是同时代的现象，即肯定董作宾先生的论点。

攻读多伦多大学东亚系哲学硕士学位

　　屈万里老师似乎没有对我攻读博士学位的能力有所怀疑，帮我做了规划：于整理甲骨两年后，去多伦多大学读博士学位，接替史景成教授退休后的位子。所以我就听从老师的计划到了加拿大，把明义士先生的甲骨整理完成，编辑成书之后，打算继续攻读学位，准备在加拿大生根立业。

　　当时多伦多大学东亚系尚未获准成立博士班，东亚系的史景成教授就告诉我，在这种情况下，如果修完M. Phil（哲学硕士）的学位也可以在大学教书。或者，如果在修学期间东亚系的博士班成立了，也可以改为博士班。史老师为我设想周到，读学位需要有两年的全勤时间，我可以请求博物馆将我工作的时数减少，学校给的奖学金加上半工的薪资绝对够支撑家庭的开销。一九七〇年八月，博物馆将我的职位调整为资深技术员，以半工的时数支薪，我就申请进入多伦多大学东亚系，攻读哲学硕士的学位。论文由史景成教授指导，题目为《甲骨上的钻凿形态：断代的标准》。

令人煎熬的日本文学

　　系里规定，除了中国学之外，还得选修其他的课程，史老师建议我选修日本文学。系里有两位教授开了有关日本文学的课，首先我去见上田教授，他拿出一篇古文来测试，中文部分我虽然看得懂，但假名的部分，和我所学习的现代日文完全不同，我当然过不了关。上田教授建议我去见另一位教日本近代文学的教授——安东尼·雷门，雷门教授是捷克人，但日文很好，也能用日文发表文章，他也要测试，让我读一篇小说。从我诵读的音调，雷门教授认为我可以了解小说的内容，于是，雷门教授把此课程分为两个班级，一班读英文的翻译本，一班读日文的原著，读日文原著的班只有我一个学生。他指定我每星期读一位作家的作品，我就必须到图书馆寻找作品，同时还要收集此人的身世、作品的评论等等资料，然后做成两小时的报告给他听。

　　雷门教授指定的作品经常是几百页的小说，譬如说，川端康成的《山之音》是一个星期的工作，《睡眠的美女》也是一个星期的作业。老师指定的功课，我除了在博物馆的工作时间外，全天候地投入准备。也许雷门教授见我可以应付指定的作业，竟然半点松懈也不给。每个星期我都得跑图书馆借书，影印，做笔记，查字典，连跟内人与孩子说话的时间都没有，感到非常疲惫。尤其是我的英文底子非常糟糕，同时要兼顾两种外文，其辛苦处真是非局外人所能感受。老师指定的作品大致是日本大正到昭和时代的作品，作家大约是二十世纪的有名气作家，现在记得比较清楚的作家有谷崎润一郎、横光利一、芥川龙之介、井伏鳟二、有岛武郎、菊池宽、夏目漱石、森鸥外、三岛由纪夫、中岛敦、太宰治等。期末要交的报告是阅读川端康成作品后的心得。我根本没有时间好好地思考与撰写，交读书报告前的一个星期，我还在拼命准备演讲的笔记。报告发放回来的时候，上头打的分数是六十八。我心想，这下完蛋了，研究所要七十分才算及格，我心里忐忑不安了两个星期。结果公布的成绩是B（七十三至七十五分），让我松了一口气。在漫长的求学生涯中，没有什么比这一门功课让我花更多的时间，受更多苦头的煎熬了。而在我艰难地修习这门功课，以致疏于照顾家庭时，内人再度怀孕，生下二儿子漫修，我内心的苦楚更是加倍。

博士班

一九七二年六月我顺利取得哲学硕士学位，毕业论文后来以《卜骨上的钻凿形态》为题，由台湾的艺文印书馆发行（一九七三年）。若想在学术的领域里有更稳定的发展，一定还要再攻读博士学位。加拿大的国家学术院每年提供几名"教师进修博士"项目的奖学金，我以在台时获得的硕士学位，等同执教高中教师，又在多伦多大学读哲学硕士两年，得以以高中教师两年资历的资格申请，得到最高额的奖学金。可是，多伦多大学东亚研究所申请设立的博士班课程还没有得到批准，空有奖学金而没有学校可读，怎么办呢？史景成教授又为我去找人类学系，商请让我入读该系。如果一个学系里有学生得到国家学术院进修博士奖学金的话，也可算是该系所的光荣，所以人类学系也欣然同意了史教授的提议而让我入学。该系有一位研究韩国考古学的山普教授，可以担任我的指导教授。

我选了山普教授的东亚考古学专题研究课程。每个选课的学生要选定一个题目作为专题报告题目，同时撰文作为该学年的报告论文。我选了"中国农业的起源与发展"的题目，开始从事相关的研究，设定中国三个农业区——华南、华北与东海岸，分别从年代、地理、气候、工具等项目做综合性的考察，认为中国约在一万年前，华南地区最有条件发展自发的农业，后因气温急速上升，不再适合人类居住，乃分别向华北与东海岸发展。山普教授认为论文写得不错，我的同事芭芭拉·史蒂芬女士也以我的论点在美国芝加哥的讨论会上与张光直先生辩论，张光直先生当时认为中原是中国最早的文明发源地。

伏羲女娲的传说

　　进入人类学系之后，我的阅读范围扩大了。除了博物馆绝对必要的考古学之外，也开始参考民俗学的书籍。我读到台湾南势阿美族的创生神话，说有一对兄妹是日神与月神的第十五代子孙，他们共同乘坐一个木臼逃避洪水灾难而漂流至台湾，发觉他们是人类仅存的两个人，为了让人种能继续繁殖下去，他们只好结为夫妇，但是因有兄妹不许接触腹部与胸部的禁忌，一直不敢发生夫妇关系。有一次哥哥打到一只鹿，就剥下鹿皮，晒干它，并在上头挖了个洞。如此兄妹的身体就可以用鹿皮隔开，不破坏禁忌而达到交配繁殖的目的。就这样，他们所生的子女都分别成为许多部族的祖先。

　　我发觉这个故事和汉族的伏羲、女娲传说有很多的相似点：都与日和月发生关系，都发生在洪水之后，故事的主角都是兄妹兼夫妇，鹿皮是遂成婚姻的重要媒介，都与蛇有关。而从语言演变的观点来看，伏羲和故事的主角名字同属一个演化的系统，阿美族的传说最接近事实，也合理解释了鹿皮在婚礼中的作用，因此写成《鹿皮与伏羲女娲的传说》，它可以说是我探讨民俗的第一篇文章。

到日本看甲骨

　　我的博士论文是继续对甲骨钻凿问题的深入探讨，材料愈多，立论就愈可靠，也比较能得到别人的信从，因此我需要检验更多的甲骨收藏。日本京都的京都大学人文科学研究所也收藏有为数不少的甲骨，我给京都大学去信，得到回信，欢迎我前去检验及描绘该所收藏的甲骨。事前也联络了东京大学的松丸道雄教授，将前去拜访他。我在台湾读研究所的时候，松丸教授曾经到过台湾，金祥恒老师也带我去跟他见过面，所以还有一面之缘。

　　松丸教授来旅馆找我，并在旅馆旁的店家请喝下午茶，当天晚上又请我吃中华料理。第二天参观他的办公室，又从那里带我去国立东京博物馆，还替我打电话联络京都大学人文科学研究所，请他们替我订旅馆。在我从京都回到东京要搭飞机来台湾时，也再度见面以及请我吃饭。我始终没有机会答谢这份人情。

　　到了京都大学，甲骨都已从仓库移到研究室，完全不浪费我的时间。我把每一片甲骨都翻转过来，检验其背面的钻凿形态。比较完整的钻凿我就先描绘在柔软的、透明的塑胶纸上，回到旅馆后再转移描绘到玻璃纸上以备发表时使用。打算做局部特写照片的甲骨也都一一做记号，等待最后汇集起来，请专业的摄影师来拍照。这也是京都大学的人员替我安排的。等确定我可以完成工作的时间，他们也替我打电话去预订旅馆，并通知松丸教授我抵达东京的时间。在我离开京都大学人文科学研究所后，就流传了一件逸事："许进雄先生来了之后，所有的甲骨都翻身了。"后来我再度拜访松丸教授时，他让我看之后他特地到京都大学所拍摄的两千多张钻凿形态的照片，可惜他没有这方面的研究著作发表。

有缘识得白川静教授

也许是得到京都大学的讯息，白鹤美术馆的白川静先生带了学生玉田继雄先生来拜访。他们已经看到了博物馆出版的明义士先生收藏的甲骨拓本集，玉田继雄先生正在编辑甲骨书籍的序跋文字，把文字翻译成日文并加以注解。我在序言中提到几个人名，他想要了解这些人的身份，也送我已经出版的第一册。白川静先生在铜器与古文字方面都有很多的著作，在学界很有名，后来台湾的学者将白川静先生的三本著作译成中文出版。白川静先生和我的老师屈万里教授有书信的往来，也是老师所钦佩的学者之一，他读过我以前的著作，大概认为我是可造之材吧，所以亲身来探望，并送我整套十几本的大作《说文新义》，以及零星的铜器方面的论著。白川静先生大概驻颜有术，我当时觉得他大我不到二十岁，不过应在五十岁以上吧。

台湾"中央研究院"的甲骨

在回台之前,我已经跟在美国旅行的张秉权先生通过电话,他会在我到台湾之前回到台北,绝对没有问题,可以尽量让我检验台湾"中央研究院"历史语言研究所所藏的甲骨。可是等我人到了台北,见了当历史语言研究所所长的屈老师时,惊闻张秉权先生将延迟回国,所有收藏甲骨的箱柜都贴上了张先生的封条,没有人敢撕开封条让我检验甲骨。

我已取得台湾"中央研究院"同意而申请经费回来从事研究,如果白来一趟,岂不构成欺骗博物馆的行为?再则,台湾"中央研究院"收藏有一批所谓的王族卜骨,是我论文探讨的一个重点,没能看到这一批资料,我的结论就会存在缺陷。怎么办呢?屈老师建议,请我博物馆的馆长和多伦多大学的校长写信给台湾"中央研究院"的院长,也许院长批示下来之后,就可以不怕背负撕下封条的责任了。我立刻联络博物馆,请同事替我办这两件事。果然,这两人写给院长的信有了效果,批示应该让我看甲骨收藏。但为了不多撕掉封条，最好集中在某些橱柜，而且事先要告知收藏号码，以便一一移到观看的地点来。我终于检验了最想观察的一百多片甲骨，历史语言研究所也安排自家的摄影师拍摄我要的钻凿形态的资料，并允许我可以在论文中发表。我特别感谢多伦多大学校长，为了让一位学生的论文写作顺利，在百忙中火速寄出那封信。

博士学位

一九七四年，多伦多大学的东亚学研究所终于通过了设立博士课程的评估，史景成教授要我把学籍从人类学系转到东亚系来。史老师知道我撰写论文的进度很顺利，有一天告诉我，如果写好了，今年也可以毕业。于是，我赶快加码赶工，提出了口试的申请，十二月顺利地得到学位。我从史老师处得知，审核我的论文的教授包括我在台湾大学念书时的文字学老师、台湾"中央研究院"的李孝定教授。世界上大概找不到一个机构，其博士课程才通过四个月，就有人拿到学位而毕业了。（刘兆佑教授写的屈万里老师的传记里，却说屈老师是论文的评审者，也许两位都是。）

筹备中国出土文物展

　　中国在二十世纪七十年代的末期，积极打开局势，不但参加加拿大的商业活动，也签约要将中国新出土的文物运到多伦多来举办一次大型的展览。主要的工作就由我们部门承担。首先是在博物馆的馆刊陆续撰文介绍与展览内容有关的讯息，我也写出两篇文稿。

　　一九七五年，中国出土文物展正式在加拿大多伦多皇家安大略博物馆盛大展出，我也认识了开幕代表团团员史树青先生。史先生任职于中国历史博物馆，是有名的文史研究学者，研究的范围很广。后来我每次到北京，都去中国历史博物馆拜访他，他是我非常钦佩的敦厚长者。除了我馆出版的甲骨拓本，我也拜托代表团把我的博士论文带回中国，转给研究单位。我的论文很厚很重，本来应该是用邮寄的方式寄到中国的，但此地的邮局解释，该论文还不是出版物，中国的邮局不会接受非出版品，所以不能接受我的邮寄。我也就只好劳动年纪都很大的代表团团员装在皮箱里当行李带回中国。

展出中国出土文物不单是加拿大的大事，也是北美东部地区的大事，因为这是多少年来中国第一次在国外展出的出土文物，好多文物都是初次展出的。尤其这一年中国也是首次大规模地参加一年一度设在多伦多的国家博览会。从美国来的访客，不论因私或因公，我都接待了非常多。曾有客人送给我一瓶酒，我当时不会喝酒，不知道酒的价值高低，没有想到可以带回家以备宴客时使用，当场就要送给同事们。谁知大家都异口同声说不敢接受，建议我买一瓶便宜的酒。我一再坚持，大家才接受。直至今日，我还在纳闷：到底送给我的是怎样高价的酒呢！

认识李约瑟，剑桥做客

　　在伦敦的时候，我曾做过一件事。前已言及，在整理馆藏的甲骨时，发现有些甲骨被偷窃了。我在把追讨回来的甲骨，连同其他的馆藏，又编辑成一本拓本集将要出版时，竟发现其中有几版已经发表，且属于大英博物馆，因此只好将这些甲骨从拓本集中剔除，并填补其位置。后来到英国伦敦做客，正好可以与大英博物馆沟通，以期早日物归原主。我拜访大英博物馆，请管理的人员清查文件，看看有无把其馆藏甲骨赠送给别人的记录，答案是没有，而收藏确实有所短缺。于是我就告诉馆方，不必追查我如何有这些甲骨的原因，我以后会烦请李约瑟博士代为归还。

　　我不了解英国的学制，李约瑟博士是剑桥大学之中某个学院的master，每个学院的master好像与学院的教学或行政组织都没有关系。这栋建筑有个花园，李约瑟夫妇就住在这儿，但其他教授似乎没有跟家眷一起住在这里。我被安排在一个房间里，早餐有人送进房间，就在床上用餐。中午自理。晚上大家集合在大厅用餐。教授们排队入场，有个人拿着权仗作前导，入门之际，听到厅堂里头大声喊"The master is coming.（主管来了）"。坐定之后，有人送上餐点。餐后每人分发一根雪茄烟，还有专人替你点上火。我当然可以不抽雪茄烟。有一次李约瑟博士兴致勃勃，要亲自煮土耳其咖啡给我们喝。本来我是不喝咖啡的，但碍于主人亲自调理，我也勉强喝了。土耳其咖啡很甜，也很浓，本来我喝了咖啡是睡不着觉的，可是那一次竟然能睡着。

与国内学者互动

一九七二年博物馆的出版部终于出版了明义士先生的甲骨集。此集发表三千多片甲骨，有很多重要的资料，而且拓印清楚，装订精良，无疑是当时甲骨学界的重要事件，很快得到学界的关注，在五个刊物里被介绍了。[①]

国内的学者从这些刊物得到此书出版的消息，但没有门路可以购买。首先我接到中山大学商承祚先生在香港的亲人——贺文略先生的来信，希望得到此书。我帮了这个忙。因此，一九七六年我得到商承祚先生回赠的墨宝，他临写出土竹简《孙膑兵法》的隶书体法书，其上曰："我将欲责仁义，式礼乐，长衣常，以禁争挩，此尧舜非弗欲也。不可得，故举兵绳之。"还有贺文略先生所画的竹子，上有容庚先生的金文书体题词。

---

① 如《中国文字》第四十四期（一九七二），《Journal of Asian Studies》三十二卷第二期（一九七三）、《Journal of the American Oriental Society》第九十三卷第三期（一九七三）、《甲骨学》第十一期（一九七六）、《T'oung Pao》第七十二期（一九七六）。

后来我两度到广州中山大学拜访商先生，也认识了一些商先生的学生。一九七四年胡厚宣先生来信索取明义士先生所藏甲骨集，此后我与胡先生就有繁密的书信往来，也多次见到胡先生，一直持续至他去世。胡先生经常拜托我为他购买艺文印书馆出版的甲骨书籍，后来我就介绍旅居美国的严一萍先生与之直接通信。严先生经营艺文印书馆，替胡先生购书更为方便，免得我还得做转寄的手续。在更迟的时候，吉林大学的林沄教授也来信希望得到博物馆出版的我的三本甲骨著作。后来以吉林大学编撰、中华书局出版的甲骨著作作为回报。

第一次到中国大陆

　　我的老师史景成教授是北京大学的学生，拿庚子赔款到美国来留学。为了探索宗教的真谛，他读了神学博士的学位，但发觉宗教是空虚的，在离开学校时，把博士证书丢进垃圾桶不要了，想不到被校方从垃圾桶里拣出来寄还给他，所以就保存了下来。第二次世界大战后史教授在加拿大定居，游说立法人士让修筑铁路的中国劳工可以把家眷带过来，对中国劳工来说，这是莫大的功德。一九七五年中国政府呼吁侨胞组团到北京共庆国庆，我的老师被选为加拿大团的团长，老师希望我陪着去，顺便照顾他。老师也替我筹了经费，大学的东亚系和博物馆各赞助一半的旅费。我就陪着老师到了北京。

会见胡厚宣教授

　　到了北京，国务院的工作人员来接待我们，我向来人提出要见中国社会科学院历史研究所的胡厚宣教授的愿望，因为他跟我有书信往来。

　　第二天一早，有人来告诉我，大伙儿将去外地参观，我特地被安排在饭店内和胡厚宣教授见面。不久我到了一个房间，胡教授已在那里等候。礼貌地握了手之后，我们就面对面坐了下来。我首先关心胡先生研究的近况，因为他已经很久没有发表学术论文了，他回答说他配合国家给予的任务，专心培养十个学生，因为过去一段时间，大家都荒废了学业，人才不济，所以培养人才是首务，个人的研究暂时停顿。他也谈到他将主持一个国家交付的大型研究计划，后来甲骨学界都知道，这个计划是编辑《甲骨文合集》。

　　胡先生当然也问我的研究情形，我就说明该年已拜托中国文物展的代表成员带回我的博士论文影印本两厚册，然后就详细介绍我以甲骨上的钻凿形态作为断代标准的发现。胡先生也认为钻凿形态的断代法是很值得开发的研究项目，他对中国收藏甲骨的情况做过详细的调查，说将来有机会可以带我在全国走一趟，描绘甲骨上的钻凿形态。交谈了一个多钟头，陪同人员说也替我安排了去参观社会科学院考古研究所的行程，所以就结束了谈话。

想不到考古研究所就在我们所住的华侨大厦的对面，所长夏鼐先生已在办公室准备接待我。一阵寒暄之后，夏所长就带我去参观各个研究室，我一下子也记不得那么多人，有记忆的是金石组的组长王世民先生，因为我们所学的内容比较接近。在参观中途，我看到一个柜子，里面展示的甲骨实物，是新近发掘的大版肩胛骨，是所谓的王族卜骨，是我比较少收集到的材料，我就请求让我描绘骨上的钻凿形态，所方就说当天的场面太混杂，改天再安排，结果是后来并没有找到双方都合宜的时间。之后我多次回到中国，和各方面的很多学者都认识了。

办中文小学

因为孩子们的中文教育问题，我与有同样诉求的伙伴决定设立中文学校。加拿大宪法写明人民有受母语教育的权利，安大略省规定，有意愿学习母语的人，只要组成十二人以上的班级，可以物色到合格的老师，就可以商借公立学校的教室，由教育局支付场地、教师、管理人员的费用。我们这群人大都受过高等教育，师资不成问题，经费既然不成问题，何不向教育局提出申请？这需要借用在中国城邻近的小学，设立几个星期六的中文班级，除了自家的小孩，也可以顺便教育别人家的小孩。申请很快就得到批准，大家就分别当起了授课老师或校长。

教材最先是采用自编影印的教材，后来渐渐向各方面寻找合适的课本，以节省精力。在中国城附近办学校有个好处，家长们可以顺便买菜，停车与聊天也不缺场地。上完课后，不想回家烧饭的，也可以就近在餐馆里吃。开学之后，一点也不用烦恼招收不到足够的学生，学生来自全市的各个地区，使我们认识了很多家庭。

教学是采用繁体字，还是简体字呢？拼写是用汉语拼音，或是注音符号呢？因为联合国已要求全世界采用简体字与汉语拼音，一来简体字比较容易学，孩子压力比较小，二来也是顺应国际的大形势，所以我们就决定依从联合国的政策，使用简体字与汉语拼音来教学。

我们的教学曾经一度遭到骚扰。有人竟然向教育局举报我们的教育方式是错误的，请求不给予我们经费补助。教育局就要求我们开公听会，要听取家长们的意见，来参加公听会的人竟然大都不是我们学校的家长，当家长发言的时候，他们群起鼓噪干扰。我以家长以及多伦多大学东亚系教授、皇家安大略博物馆远东部主任的身份发言，当然遭到更多的阻碍，但在开了两次公听会之后，教育局仍然补助我们经费，一点也没有减少，因为这是法律规定。

我们几位家长一起组织的联谊社开办的中文小学，每年大致依程度的高低开有五个班，学生有七八十人。除了正常中国语文的教学外，我们还得找场地和时间，准备年度的游艺节目演出。夏天休假期间，也筹备野餐烤肉的活动，可以说办得生机勃勃，大家都很带劲。不但教学生练习唱歌与跳舞，有一次家长们还排练话剧的演出。记得演出的剧名叫《打碎一个花瓶》。我没有表演的才能，只能参与道具的制作，或联络等事宜。由于社员们大都是上班族，能够捐献的金额有限，演出使用的道具都是买材料回来大家一起制作，合作无间。由于人手有限，经费不足，加上缺乏演艺经验，在演出一场以后，没有人有勇气敢提出排练第二出剧目的建议。现在回想起来，也算是一种另类的欣悦与满足。大致在二十世纪九十年代，我们联谊社自己的孩子们都已长大，不用上中文班了，而社员的年龄也增大，似乎精力也已耗尽，所以就把学校的责任交给了非社员的家长。

联谊社的成员中有不少高学历者，在老华侨的团体中，被认为是较有文化水平的，比较受尊重。中国城如有比较大的聚会时，也往往被邀请参与，甚至登上主席台的位子。我既是联谊社的成员，在侨界里也算醒目的人，自然有人对于我的行动会比较注意，甚至报告台湾，使得我被列入黑名单，不能回台探视亲友。

助理研究员，主管远东部

一九七六年，虽然我拿到了博士学位，但因不是博物馆编制内的人员，所以不能升级为助理研究员。但馆方又不能不回应我的新学位，提高我的薪水，于是就创出一个职称，以中国学研究员来安置我。很幸运的是，第二年，我们的主任时学颜博士被真除[①]为加拿大国家美术馆的馆长，到首都渥太华上任去了，远东部门的编制空出了一个研究人员的名额。我就顺理成章地递补为助理研究员，成为编制内的人员，不必再烦恼今后工作有无的问题了。这年我又获得加拿大学术院的奖助，出版了英文著作*The Menzies Collection of Shang Dynasty Oracle Bones: the Text*（《明义士所藏甲骨文字：释文篇》）。来加拿大整理明义士先生所留甲骨的工作终于告一段落。

---

① 真除，意为实授官职，指去除旧的职位而就新职。——原书编注

钻凿形态研究的宣传

　　一九七八年是我将自己对甲骨上钻凿形态研究的结果大力向甲骨学界介绍的一年。首先是在多伦多举行的美洲东方学会议上宣读《钻凿形态对甲骨研究的应用》，并在博物馆内为与会的学者主持甲骨上钻凿形态研究的研讨会，展示各时期甲骨上的钻凿形态，让学者可以近距离地摩挲甲骨，并检验我所呈报的种种现象是否属实。又以我的博士论文的部分内容为基础发表了《甲骨的钻凿形态示例》（《董作宾先生逝世四十周年纪念集》，台北：艺文印书馆）、《凿钻研究述略》（《屈万里先生七十荣庆论文集》，台北：联经出版事业公司）两篇文章，让学界早点知道这些成果。一九七九年，艺文印书馆也用中文与英文全文出版了《甲骨上钻凿形态的研究》。一九八〇年之后出版的《小屯南地甲骨》的钻凿形态的研究，无疑受到此书的影响，我的研究方式完全被采用了。

　　因为主任时博士真除为国家美术馆的馆长，我补缺为助理研究员。不久新主任芭芭拉·史蒂芬女士被任命为副馆长，馆长就召见两位助理研究员以上的位阶者，以便任命新的主任。另一位同事的位阶比我高，且是美国籍，应该是当然的人选。想不到，或许是副馆长的推荐，或许馆长认为远东部的主管应该是个会说东方语言的人，所以先问我是否愿意负起主任的责任。当时我没有推辞，就不客气地回答说愿意做做看。于是馆长也不再问另一位同事的意愿，立刻任命我为新的主任，所以我的职称便成为助理研究员兼主任（Assistant Curator-in-charge）。主任有权处理部门的所有业务，包括经费的使用与人员的指挥和雇用权。

我来多伦多是为了整理明义士先生收藏的甲骨，在把拓本拓印以及释文撰写的工作都完成了之后，我就半工半读，一面到多伦多大学修学位，一面又进行另一批馆藏甲骨的整理。这批材料以我们远东部的第一任主任怀特主教的收藏为主，辅以其他人的收藏。怀特主教的中文名字是怀履光，当过中国河南地区的主教，所以大家都以怀特主教来称呼之。他曾被批评动用不少推展教务的经费购买了很多中国的宗教与青铜器时代的文物。在学界里，怀特主教是很有名气的。怀特主教所藏甲骨的整理到这时候也已宣告完成，我也再度得到加拿大学术院的奖助，于次年出版*Oracle Bones from the White* *and Other Collections*（《怀特氏等收藏甲骨文集》，多伦多：加拿大皇家安大略省博物馆，一九七九年）。主任的任命来得正是时候，我可以全力筹划今后部门所要前进的方向了。

二度中国大陆行，拜访商承祚教授

　　这一年夏天我再次到中国大陆旅行，首先到广州的中山大学拜访容庚与商承祚两位教授。容庚教授是有名的铜器研究专家，是学界闻名的学者。但是当时已因老病而在家休养，不能相见，后来有人送我一幅容先生题了字的水墨画，说是补偿这次未能相见的遗憾。商教授因为得到过我编写的明义士甲骨书籍，所以热情地招待我，商先生招集学生们在研究室里谈论，后来还招待我到一家有园林山水的大餐厅吃饭。

　　原来商先生是有名的书法家，这家餐厅挂了好几幅商先生的字，和他有特别的交情。我没有向商先生索求墨宝，但他后来写了一张横幅，裱褙好后请人送到加拿大给我，让我非常感动。当日筵席有一道竹笙汤，当时还很少有人知道这种食品。商教授很费力地以广东口音向我解释竹笙是什么样的东西，我当时一知半解。多少年后回台湾，不知是经由正式的还是其他的渠道，竹笙已成为台湾常见的料理材料了。

与画家的友谊

　　这次到北京，除了之前认识的社科院胡厚宣教授、中国历史博物馆的史树青教授，又多了一位画家必须拜访。我之前的助理帕蒂小姐，她的父亲威尔逊博士改任加拿大省属单位的科学馆馆长，和中国历史博物馆有个合作的计划，将在科学馆展示中国的科学文明。如有中国来的客人，威尔逊博士常会请我当陪客。当时，中国历史博物馆派遣以陈大章为首的先遣团来多伦多商谈展览的计划。因威尔逊博士想办的展览不是传统的文物展览，而是包括活动的科学知识的操作展览，他一再拜托我，要把他的想法正确地让中国的先遣人员了解，所以我和陈先生有相当多的时间交谈。

　　在交谈中，我们对彼此的工作和专长都有所认识。他的祖先来自福建，家传的技术是绘制小孩子的生活形象，清初时被征召到北京，为皇家服务，专门绘制以小孩子为题材的画以供各种用途，因此也接受赏赐而定居在紫禁城旁的皇史宬的隔邻，以便就近服务皇家。陈先生除家传的孩童画外，也画花卉和山水。当时担任中国历史博物馆的设计部主任，管辖几十名工艺人员，所以被派遣前来交换展览的创意。我当时接任远东部主任之职不久，对于提升部门收藏的内容有一些想法。我们远东部收藏的中国文物被评估为中国境外的十大收藏之一，有很多文物不但是世界一流的，甚至连中国都还阙如，可是对于中国书画的收藏却极其贫乏，有亏第一流博物馆的荣誉。当时部门并没有充裕的经费可以购买，很想从当前的中国书画家开始收集，期望在三五十年之后可以应付展示的起码要求。陈先生和中国当代画家们有相当的交情，可以帮我完成一些愿望。当时也约定，他将尽力帮助我完成愿望，所以我来到北京一定要去拜访他。

我来到北京的时候，正好多伦多科学馆的先遣人员也来到北京商量展览的事宜，所以就相约一起到他家。皇史宬就在紫禁城外的第一条小巷弄里，他这个四合院里住了三家，显得有点杂乱。他说已有重建的计划，政府将在较近的郊区拨给他住所。我们这些来自加拿大的外国人出现在他的住家，对于其他的住家，好像很自然，他们没有讶异或惊慌，想来对外开放的政策已有成效，他们不再觉得有海外关系是不好的了。三家人住在一个四合院里已拥挤得很，加上陈先生需要有个大桌子以便创作，所以他的家更显得局促。不过，后来我到武汉旅行，有位陌生人请我到他家参观，那一家三口人的全部活动都在一个房间里，陈先生的条件比之好得太多了。

以后我和陈大章的家庭几乎成为一家人了。他的夫人也在中国历史博物馆工作，在修护部门，女儿在北京饭店工作，大哥在郑州当银行的行长。后来我去郑州游历，也让他的大哥破费。陈先生交游广阔，是北京湖社画会的重要成员。当时的大公司，开幕时经常邀请书画家前来挥毫助兴，顺便送些笔润。算是北京名画家的他，在各行各界都有交情，譬如买不到飞机票、火车票，或订不到旅馆时，都可以找他帮忙。可能见我是个学者，做人也诚恳的原因，陈先生对我一见如故，热情对待。我如向他索取画作作为送朋友的礼物，他也毫不吝惜地挥笔。

有一次我要到吉林开古文字学的会议，但怎么也买不到前往吉林的任何机票或火车票，他就替我打电话买火车票（当时家里有电话是不简单的事），竟然给我弄来两张票。那天不知碰到什么节日，不但火车车厢里挤满了人，连座椅之下也有人钻进去躺卧。我不好意思独占两个座位，就把一个座位让给了一个比较需要的人，我首次体验了如此满载的火车班次。又如，北京的东来顺涮羊肉是非常有名的，有次某单位招待我去吃过，我喜欢那种滋味，但自己怎么也订不到位子。我一谈起这回事，他立刻问我想去的日子和时刻，就打电话给该餐馆，嘱咐留一个位子给我，就这么简单。以后我每次去北京，他都记得替我打这样的电话。陈先生几次到日本开画展，收入很高。在陈家，我经常看到连我都用不起的日本最新产品。在相当早的时代他也拥有一辆私家车，有司机，有一次还用私家车载我和他全家到北京与天津之间的别墅度假。我游过黄山后，请他画一张黄山的景色让我做两人交往的纪念，他立刻画了幅黄山飞来峰送给我。

以陈先生在中国的社交关系，要帮我收藏一些当代中国画作应该是不困难的。但是我们部门负责中国书画的女性研究助理，虽是香港大学的博士，学术的修养很够，但是不太通人情世故，竟然坚持要经过她认同的画作才愿意接受。我怎么能够向黄永玉、李可染、吴作人等大画家说出这样的条件呢？因此后来就不积极做这方面的努力了。

中国历史博物馆的史树青教授

　　一九七五年，中国派遣四名成员来参加我所在的博物馆的中国出土文物展览开幕式，服务于中国历史博物馆的史树青教授是成员之一。史教授是文史学界的著名教授，他对于我的文字学著作也有些了解，所以大家同行，交谈甚欢。我来到了北京，当然要去拜访他。

　　史教授为人和蔼可亲，生活非常简朴，我和他有过两次在外头吃饭的机会。有一次他来我下榻的华侨大厦晤谈，到了吃饭时间，我坚持请他吃饭，他一定是怕我花钱，就说大厦对街的不远处有卖北京小吃的，建议到那边用餐。史教授是老北京，我当然跟着他走，原来是一处卖大众化甜糕点的地方，并不是餐厅，有什么驴打滚、豌豆黄一类的小吃，每一样的分量都很多，很便宜。史教授既然指定吃这些东西，我虽不以甜点为主食，也只好陪着他吃。有一次想带他吃不一样的东西，我带他到一家空运美国新鲜食品、以美国人为对象的餐厅，结果史教授不点肉类，专门点蔬菜。他一定不了解，新鲜的蔬菜比较贵，可冷藏的肉类反而便宜。

有一次他亲自陪我在展览室里参观，我见到展柜中有一幅标示新石器遗址的地图，心想可以作为讲课的教材，就征询他是否可以拍照，史教授回答说没问题。但当我拍完照后，一位保卫人员出现，要没收我的底片，说地图是不准拍摄的，史教授就坚持说可以拍，解释第几号的文件已经下达可以拍摄的新规定。这幅新石器遗址图已在中国历史博物馆所出版的《简明中国历史图册》中刊载，并不是秘密文件，对我来说并不是很重要的讯息。我只惋惜其他拍摄的影像也将一并被销毁而已。争执了好一段时间，保卫人员终于让步。

史教授大概也负责文物鉴定与购买的任务，我记得有位农民拿来一件田地里挖掘出来的唐代葡萄海马纹铜镜，他当场替博物馆以十元的价格买了下来。

搬迁办公室与库房

我当上主管后，第一个任务就是执行办公室与库房的搬迁事宜。皇家安大略博物馆本来是多伦多大学的一部分，由于业务扩展神速，一九六八年从大学分出，成为省政府直属的单位。经过十年的发展，研究与展示的空间都严重不足，省议会决定拨款扩建。

博物馆的位置，东与北是街道，且是地铁线经过之路，南与西则是多伦多大学用地，四周都无扩充的可能，只好在本身的用地上想办法，决定把北边的花园改建成三层的阶梯式展览厅，同时拆掉老旧的研究室与停车场，改建成地下三层、地上六层的研究中心，使每一个部门的研究室与库房都在同一地点。远东部与西亚部被配置在六楼。设计蓝图绘制后，各部门就开始计划搬迁的各项细节。新的研究大楼将办公室与库房放到同一个地方，库房又根据个别部门的需要隔间。

远东部共有四种不同需要的库房，一是需要有稳定高湿度及恒温的房间以收藏木制、象牙、犀牛角等类文物；二是低湿度的，主要收藏金属的制品；三是收藏无灰尘、无光线的纸类文物；四是收藏不太受温度及湿度影响的文物，诸如石头、骨质物品、玻璃、陶瓷等类。然后又需根据收藏的种类和数量，估计需要的开放和密闭的空间，分别配置铁架或木柜。木柜有门户可闭锁，且有轨道可调整每层的高度。每件文物都根据各自的收藏条件分别放置在某个地点，并在电脑里编号和建档。以最节省空间的方式把文物分别装入柜中之后，就贴上封条暂存于临时的库房，等待新楼装潢完成后，就一一移到事前已编号的地点，减少混乱及调动位置的麻烦。在事先缜密的规划下，迁馆顺利完成。

一九八六年我到西安参观时，正值中国与联合国合资，要在此地建造有最新设备的博物馆，筹备处的铁主任知道我们博物馆刚做过搬迁文物的工作，有些经验，所以把新馆的设计蓝图让我看，请我为工作人员讲解文物搬迁工作所遇到的一些问题与解决之道，我大致做了三个小时的演讲，并建议把修护部门调整到比较接近展览厅的位置，而不是经过几次上下阶梯的走路历程。听说我的演讲为博物馆节省了不少经费，所以开幕时邀请我为贵宾。可惜铁馆长在陕西历史博物馆正式开幕之前的几个月过世了，不及领受成果。

这次的演讲还有个没有完成的插曲，可能使中国的博物馆事业有点遗憾。趁新馆修建之便，博物馆管理层决定把馆藏的三幅大型元代壁画恢复旧观及加固，以期能做更久的展示，因此特地向国内的教学单位调配，成立了一个十人的修护小组，经过两年的努力，完成了预期的修护与延长文物寿命的目的。这时壁画修护小组的成员尚未解散，所以我向铁馆长建议来个交流。西安附近有大量的唐代壁画墓葬，但因壁画的褪色问题难以解决，所以大都封闭着，不开放参观，而我们的壁画修复技术并不需要太多的精密机械，重点是知道如何去做。中国有的是人力，所以一点都不成问题。

我建议以两到三个月为期，每期各派两人，机票各自处理，生活费则由对方负责。中国派来技术人员学习各项技术，我们则去研究他们馆藏的陶俑。铁馆长表示原则上同意，但要得到国务院的批准才能签约，结果这件事因为铁馆长的去世而不了了之。后来北京历史博物馆（中国历史博物馆的前身）的人告诉我，铁馆长向北京历史博物馆建议各派一人到加拿大，机票由北京支付，西安则负责来人的生活费用。但是那时候中国非常缺乏外汇，博物馆虽有充裕的人民币经费，却缺外汇，所以都不愿选择支付机票，因此这个计划就不能进行。我听到之后感到非常遗憾，如果铁馆长向我说明困难所在，我相信找个人捐款购买这两张机票应该不难。

在多伦多大学授课

在多伦多大学拿到博士学位后，老师首先安排我代他上课，一九七九年我就为自己争取到一个教课的名额。博物馆原本是大学的附属单位，职员的名额在大学编制之内，一九六八年扩编成为省属的单位之后，大学仍保留十八个名额给博物馆的研究人员到大学教课之用。这些大学职称的任命被列在教授的名单上，但是不支取教授的一般薪水，而领受研究经费；此项收入不算薪资所得，也不能用来支付日常的个人生活开销。此经费可以购买研究设备、雇用助理人员、进行学术访问等。从此我利用此研究经费，几乎年年出国参访学术单位。

我因本身的英语还不流利，所以选择上研究所的课，学生少，对中文也比较熟悉，对我来说，比较容易胜任。这一年，在某次系务会议中，系主任要求教授们多开一些有趣味性且偏通俗性的课程，以便吸引较多的大学部学生来选课，因为新政策要依选课的人数计算给予部门的拨款。会后我思考，中国与其他较古老文明的文字都起源于图绘，象形文字可以反映创字时代的生活环境、使用的工具、生活的方式，甚至是处理事务的方法和思想观念。如想探求古代社会的一些具体情况，分析古文字所得的资讯会对我们有莫大启示。我自己的专长是甲骨学、中国文字学，如果选择与日常生活有关的古文字，说明其创造的含义，配合文献与地下发掘的考古材料，再结合在多伦多所学的有关人类学的知识，选择有趣的题材，进行浅易地说明，并讨论相关的时代背景，也许会提高不以考古或历史为专业的学生来学习中国文化的兴趣。尤其是中国古代文字的创造以表意为主，不但字数多，其涵盖的范围也远较其他的古文明广泛，有可能集合很多象形文字，分章节分别讨论各种主题，分量足够充当一个学年的讲课材料。

当我把这个构想向同事们讲起并征询意见时，得到出乎意料的肯定，他们认为这样的课可以引起学生的兴趣，于是我立即把讲课大纲写出来向学校申请开新课。一九八〇年开始上课时，学生只有十二人，华裔和洋人各半。由于国外的学生对于中国古代的历史和文化不熟悉，记笔记时对有关的人名、地名和文献资料都感到相当困难，于是我就把自己准备的笔记发给学生，使他们的学习和理解容易些。几年后讲义递增，有了专著的模样，乃于一九八四年付梓出版（台北艺文印书馆），省却每年为复印教材而忙碌。当初讲课的主要对象是非华裔的学生，不想开课一二年后，来选修的华裔学生大大超过本地生。要求选修此课程的学生人数一下子增加到五十、一百、二百，但我都限定人数为三十五。这门课一直教到我一九九六年离职。

这个教学的内容和讲述的方式看起来好像颇适合华裔学生，我心里又想，出版中文版或许也有机会。但出乎意料的是，台湾商务印书馆于一九八八年九月出版此书后不久，一九九一年韩国的洪熹先生首先将它译成韩文，由东文选出版；一九九三年韩国岭南大学的中国研究室也集体合作将它译成韩文，再次出版。中文版出版之后，材料又继续有增加，有些看法也较过去的成熟些，又被告知第二次印刷也售罄，于是建议出修订版。一九九五年修订版出版后，又一再地重印了好几次。之后有位香港学生的家长，取得我的同意，出版了第四次重印文稿的英文修订版。二〇〇七年，北京的中国人民大学认为此书也值得介绍到中国大陆，于是又稍加修订，以简体字发行。二〇一三年台湾商务印书馆又再次出版新的修订版。想不到一时的起意，此书竟成了自己销售最多的书，共有两种英文版，四种中文版，两种韩文译版。

中国的交换学者

加拿大和中国的关系一向友善，各种交流也很多，一九八一年签订了交换教授的协定。加拿大政府或许觉得，第一位被派到中国的教授应该能够与中国学者充分交流。加拿大会说流利中国话的教授可能不多，也可能别人没有意愿，所以就选上了我。加拿大学术院给我来了一封信，征询我到中国访问三个月的意愿，我答说博物馆业务繁忙，只能去一个月。学术院回信，与中国的协定是三个月，如只去一个月，加拿大就吃亏了，所以要另外找人。想不到暑假我到中国旅行，打算参加第一次邀请从国外归来的学者参与的古文字学会议，在我所住的华侨大厦，突然来了一位中国社会科学院的人，说明加拿大学术院已经同意我到中国担任一个月的访问学者，从此我就是他们的客人，如果不嫌弃的话，也不必换旅馆，一切事宜就由中国社会科学院负责与安排，并说有一部带司机的轿车全程为我服务，同时历史研究所的齐文心教授将作为我的陪同，负责联络所有学术与文娱活动。

访问的机构，首先是社会科学院历史研究所的先秦组，这是以研究甲骨文为重点的单位，也是胡厚宣教授所率领的研究团队。他们首先让我检验研究所收藏的甲骨上的钻凿形态，那是我那几年研究的重点，接着就和全体成员开座谈会。又安排我到北京图书馆（现在的中国国家图书馆），也拿出馆藏的甲骨让我检验钻凿形态，都是特别选出的，具有明显断代标准的标本。不久我就读到图书馆的三位馆员的论文，即于秀卿、贾双喜、徐自强联合发表的《甲骨的钻凿形态与分期断代研究》（《古文字研究》第六辑），所举的例子就是让我检验的内容，所得的结论，和我之前所发表的结论完全一致，呼应我的断代研究的一致性与可靠性。接着我到北京大学访问，我要求旁听中文系的课程，了解上课的情形，所以安排旁听大学部声韵学的课。也安排我到考古学系对学生演讲，我把在多伦多大学的教材择要进行讲述，用甲骨文字印证古代生活的各个方面。演讲后，高明教授表明意愿，邀请我到考古学系客座一年，以半年讲课，半年研究北大所藏的甲骨来吸引我。这年我刚接受主管博物馆远东部的业务，正全力投入迁馆与全面换新展览的工作，连担任三个月的交换教授都得拒绝，哪能离职一年，所以就婉谢了。

在北京，我最想看的东西是中国社会科学院考古研究所在小屯南地发掘的甲骨。这是没有被盗掘，完全是在考古人员控制下进行的正式科学性发掘，有完整的地层记录，甲骨数量又多，该是检验我以甲骨上的钻凿形态作为断代标准的最好时机。其研究人员的研究报告，从地层的时代序列所得的结果，和我以钻凿形态断代的结果是一致的，但是有非常少量的——我认为是第四期的，竟然被放在第一期，用以证明所谓的王族卜辞是第一期的。我有必要检验其上的钻凿形态，于是向文化部请求检验这批材料，得到同意的回答，接着，考古研究所所长夏鼐教授、金石组组长王世民先生也都同意了。谁知到了安排去看的前一天晚上，有个和胡厚宣先生有密切关系的人打电话给我，说胡先生向考古研究所激烈抗议，绝不能让我看那一批甲骨，理由好像不合理，说害怕我的名气会超过胡先生。果然，到了考古研究所，包括整理小屯南地甲骨的三个成员之一的肖楠在内的人和我一起开座谈会，没有说明何以不让我看甲骨的理由。我向他们提出：某一版用以确定地层年代的甲骨，吉林大学的林沄教授也不认为是第一期的。结果得到的答案让我吃了一惊，说："如果不那样做，就不能证明王族卜辞是第一期的。"我不能不佩服此人的诚实。后来描绘全部钻凿形态的专刊出版了，他们的论据也没有变更，我就写了一篇《读小屯南地甲骨的钻凿形态》（《中国语文研究》，一九八六年第八期）做回应，也没有得到任何回答。

事后我不能理解为何胡厚宣先生要反对我检验小屯南地的甲骨，把王族卜辞断代为第一期又不是他提出来的。我回忆自己和胡先生交往的经过，应该是没有让他如此生我气的地方。他先是来信向我索取明义士的拓本集，后来请我替他购买和邮寄国外出版的书，他以国内出版的书回馈。我还介绍旅居美国、经营艺文印书馆的严一萍先生给他，改由严先生邮寄图书给他更为方便、快捷。胡先生还主动向我承诺，要带我全国走一遭，看看各地收藏的甲骨，他怎么会在这个重要的时刻激烈地扯我后腿呢！告知我这个信息的人，也是胡先生曾向我说很喜爱的人，怎么会出卖胡先生，向我告密呢？后来我有好几次机会在国内、国外接触胡先生，也不好询问这件事的真假。后来我和王世民先生比较熟了，向他询问此事，他说胡先生绝对没有反对此事，完全是他的手下不愿让我检验小屯南地的甲骨。我后悔有一次胡先生受邀来美国访问，绕道来多伦多，我没有很热情地招待他。

拜访了北京有研究甲骨的单位之后，我便飞往上海。上海博物馆的沈之瑜馆长给我看馆藏的甲骨，大都是小片的，没有很深的印象。然后是复旦大学，晤谈的学者名字已记不清楚，好像是李圃。但是我却对一位研究《说文解字》、名叫祝敏申的学生颇有印象，一直奇怪何以此后没有见到他写的文章，后来才知道他留学澳大利亚，改做生意了，很是可惜。我在复旦大学的大礼堂做了一次演讲，大概是学校把它当作一件大事，动员了学生，竟然座无虚席。

有朋自远方来

　　多伦多和台湾的位置大致是在地球的相对地点，所以相距的距离可说是最远的。旅行起来，搭飞机都要花十八个小时以上的时间，所以相访很不简单，因此除了曾永义教授，我在大学的密友很少来多伦多找我。我记忆中，永义好像来了七次之多：第一次是一九七九年，受我们学系的邀请，一个人前来做演讲；一次是与旅居密歇根安纳堡的庄哲先生全家来玩；一次是来北美开会绕道前来；一次是与曾大嫂同来；一次是全家三人旅游前来；一次是带领歌仔戏团前来；一次是带领布袋戏团来公演。每次我当然都尽地主之谊，或是设宴，或是带其参观旅游。以下略记印象比较深刻的几件事。

　　一九七九年永义应该已晋升为教授，到美国的哈佛大学当一年的访问教授。我获知这个消息后，就在多伦多大学东亚系的系务会议里，建议邀请永义来做一次有关中国戏剧或俗文学的演讲，因为曾教授负责整理台湾"中央研究院"历史语言研究所所藏的庞大民间戏曲抄本，掌握很珍贵的第一手资讯，一定可以深入浅出，给学生们做有价值的介绍。系里的同仁顺从我的建议，决定发出邀请函并附上机票。而且，系里曾到台湾学习京韵大鼓而说一口地道北京话的史蒂芬（史清照）教授，也答应充当演讲的翻译。这次演讲吸引了四五十位师生。永义几乎不能相信演讲费的支票是加币二百多元。

第一次来到多伦多的客人没有不想去参观世界流水量最大的尼加拉瓜瀑布的。那时我开车的经验还很少，从来没有开出过市区。为了永义的光临，我在内人指挥下，全家一起陪永义到尼加拉瓜瀑布玩，这是我开车最远的纪录。以后虽多次送朋友到那儿玩，但始终没有开到更远的地方去。永义起码去过三次尼加拉瓜瀑布。有一次是大雪纷飞的冬天，积雪不知有多深，路上几乎不见车子行走。尼加拉瓜瀑布平时游人如织，严格管制交通，很难找到距离瀑布很近的停车位。那一天，应该只有我们这一部车子，竟然可以停在瀑布旁边的商店区内，当然没有一家店铺在营业。举目所见，没有叶子的大大小小的树，枝与干都被晶莹剔透的冰给包裹了起来，景象应该媲美广寒宫。永义叹为观止，一定也写了文章发表感触。还有一次我带他去的时候，天气晴朗，激起的水珠竟然在瀑布之上凝结成两道色彩鲜明而颜色序列相反的彩虹。以前读到过彩虹有雌雄两体的文章，但始终没有看过，托永义之福，终于目睹雌雄彩虹并列的景象。

永义是酒党的党魁，招待喝酒是必然的事。喝酒需要下酒菜，多伦多的海产价格，和台湾相比便宜很多。其中有一样石螺，卖时都是活的，内人一向用豆瓣酱加味连壳来炒，吃时从硬壳中把肉给挑出来。永义说这样料理太糟蹋海味，应该用白水烫煮，吃其原味，或蘸少量葱姜食用。内人依照永义的建议用白水烫煮，果然是美味，从此我家就不再采用豆瓣酱炒石螺的方式了。

我不胜酒力，大三时就因喝了一小杯啤酒而"瘫痪"在地，由朋友背回宿舍。幸好内人有一些酒量，每次永义来访时，我陪着坐到十一二点钟就先去睡觉，由内人陪他们喝到天亮。当客人都去休息时，内人就先做好早餐才去休息。我真的很感动，也佩服内人的毅力。

永义来多伦多找我，除了冰天雪地造访尼加拉瓜瀑布，至少还写了两篇纪实的小文章。一篇是《皮尔卡登的笔》。永义在我家写字时，插在口袋上的名贵的皮尔卡登牌子的原子笔竟然写不出字来，内人耐心地用温水浸泡，终能写出字来，永义有所感发，就写成文章。另一篇是关于安大略湖的夕照。多伦多坐落在北美五大湖最东的安大略湖边，绵延几千米的湖边都开辟成公园，虽在繁华的市区，却是环境幽雅宜人而不吵闹。永义说要去看湖，所以我就陪了去。去的时候是午后三四点钟，走走停停，来到一处地点，有很长的防波堤，堤的内侧是白沙滩，有很多的海鸥走动觅食，一点也不惧怕人们的接近。这时太阳将完全隐没入地平线，湖上呈现一片多彩的晚霞，突然一阵骚动，所有的海鸥都飞到防波堤上，很整齐地一字排开，不推挤，面对着太阳的方向，好像在无声地恭送贵客。如此自然，如此壮观，让我们印象都非常深刻，现在我还能记得当时的景况。

推广朝鲜文化

多伦多大学东亚系刘在信教授兼有牧师身份，在多伦多的韩国侨界颇受尊敬。有一天他找我谈，希望能在博物馆开辟一间韩国馆，推动朝鲜文化的介绍。我提出两个难点，一是暂时没有韩国展览馆的预算，恐怕要募捐；二是馆藏的朝鲜文物太少，不足以建立永久性的展厅。刘教授答应想办法解决这两个难题。

刘教授首先组织了一个团体，简称KARAKA，意思是认识与欣赏韩国文化和美术的协会，找了一位退休的医生当会长，提供活动经费，也找了一些有文化气质的人为会员，开始在韩国的社区宣传，以便找个适宜的时机募款。那一阵子本地的韩文报纸也经常刊登这个社团与远东部门互动的消息，我也经常被刊登在报纸版面。社区的人就介绍一个韩国来的金秉模教授和我认识。

金秉模教授是汉阳大学考古人类学系的教授，韩国考古学家金元龙教授的学生，留学英国，在韩国的考古学界颇有声望，也经常为政府办事。他喜好冰上曲棍球运动，暑假带领汉阳大学的冰球队到多伦多来接受训练。我向他提出两个构想，一是两年的巡回展览，介绍一般性的韩国习俗；二是永久性的展览厅与收藏。他答应将我推荐给有关单位，完成我的心愿。

夏天过后我就依约前往汉城（首尔），他首先安排《东亚日报》刊登我来访韩国从事推广韩国文化相关工作的消息。大概已与韩国中央博物馆取得联系，金教授就用学校的经费，派遣一个学生陪我到韩国国立博物馆所管辖下的各地区（光州、庆州）博物馆参访，为的是让我对各地博物馆收藏的韩国文物有整体的、比较清楚的了解。因为我想长期商借、供皇家安大略博物馆长期展览之用的文物，其中有不少在韩国也是很珍贵的，如铜鎏金佛教造像、元明时期的釉里红瓷器等。他们希望我了解这些文物在韩国也不多，可能没有办法完全依从我的愿望，长期借展那些文物。

参观了几个州的博物馆而回到汉城（首尔）后，又安排我去政府的公报部。公报部的职责我不清楚，好像是负责有关政府的宣传工作。我用英文先与一位官员交谈，解释我要筹办为期两年的巡回展览的形式、内容与构想。这位官员大概向长官报告了，不久副部长出现，说愿意全力襄助我的展览计划，问我需要多少经费，我回答说不需要实质的经费，我要的是精致的民俗工艺品，副部长说可以找"活国宝"（薪传艺人）特地制作文物，这个答案比我预期的结果更为理想。回加拿大不久之后，我们就收到空运来的文物，我们也依照约定，开始执行为期两年的全国巡回展览计划。

当时与政府的官员会谈之后，金教授陪我到中央博物馆见馆长，商谈后完成了两项协议。第一项是互展文物。因中央博物馆不久也要搬迁到新的馆址，打算庆祝一番，计划邀请国外几个博物馆送文物来参展。那段时间，皇家安大略博物馆远东部正值修建新馆址而全面闭馆的时期，重要的藏品都可以出借，肯定会对中央博物馆整体的展览成果有加分作用。后来中央博物馆的新馆开幕时，我们就送去一批出展三个月的精品。护送与验收文物时，我都各派遣两位工作人员前往，让他们在韩国停留两个星期，有机会多见识见识。第二项是向中央博物馆长期借展文物，议定我们韩国馆的开馆展品由中央博物馆提供，是具有永久性的、呈现整个韩国文化的展品；然后每两年更换部分展品，预计二十年后，我们可以逐步充实自己的韩国文物收藏，不再需要韩国中央博物馆的支援。

完成这两项协议时已近吃晚饭的时间，金教授提议去庆祝一番，但馆长别有约会，不能参加。吃过饭，金教授带我到一家小酒馆喝酒，这是我在韩国的初次经验，也是我从没有过的经验。这个小酒馆只有一位女经理为客人服务，座位大概不超过十个，这家迷你酒馆显然是金教授经常光顾的地方，我们两人到了之后，金教授就要经理不再接受其他客人，挂出客满的告示。经理全程为我们两人服务，一面饮酒，一面谈话，金教授一会儿用韩语，一会儿用英语，气氛很热络。朋友们都知道我的酒量非常有限，但是这一晚，实在太高兴了，我的酒量突然大增。打烊时，两人的脚步都站不稳，我不知道金教授花了多少钱结账，想来不少。他也不开自己的车子，我们分别叫了计程车回去。

许多人对韩国人的印象不太好，但我去韩国，或公务，或旅游，有七八次之多，也许是我的运气好，常得到别人的帮助，所以我对韩国印象相当好。记下其中的几个印象。首先我感觉韩国妇女在家中的地位比台湾妇女在家中的地位低。我们夫妇去一位同学家做客，他的太太也是国外留学回来的大学教育工作者，但吃饭的时候，主妇只能端饭菜上桌，一直在旁服侍我们，虽经我一再敦促，我的同学始终不松口，没有让他的太太上桌来吃饭，让我们吃起来很不自在。虽然我幼小的时候，家里也是男人用完餐之后才轮到女人上桌，不过等到我结婚的时候，就已改善成大家一起同桌吃饭了。但当同学一家人陪我们夫妇到外头旅游时，我的印象是，大家就一起用餐了。

第二个印象是韩国人普遍敬老尊贤，非常有礼貌。记得汉阳大学的研究生带领我到各州博物馆观看文物时，每隔一段时间他就不见了，后来一问原因，才知道他不敢在长者面前抽烟，所以要找个我看不到的地方抽。有一次在问路时，被问的路人竟然立正，恭敬地回答我们的问题，让来自礼仪之邦的我很惭愧。后来回台湾，酒席间如有韩国来的学生，他们都侧身饮酒，不敢和老师辈平等相待。

最得意的一件事，是我竟能带领当地的教授去吃补身汤。去韩国之前，我读过一本日本人写的游记，极为赞美韩国的补身汤味道如何妙，所以我心想一定要品尝看看。补身汤是韩国人烹饪狗肉的特殊方式，有如放了很多佐味料的火锅，顾名思义，它对身体大有帮助。朋友告诉我，韩国人夏天才吃狗肉，不像中国人喜欢冬天进补。（东北的朝鲜族烹饪狗肉的方式和韩国人不同，不知何因。）

后来韩国的朋友都知道我喜欢吃这道佳肴，所以正式请我吃饭的时候，就尽量安排去卖补身汤的专门店，我也能辨识这样的菜馅所使用的锅子的形状。

一九八八年我去韩国的时候，因为奥运会即将在汉城（首尔）举行，韩国政府为了不让欧美人士对韩国国民产生负面印象，不准餐馆正正当当挂招牌，在大街上卖补身汤的料理，所以朋友见到我，就抱歉说没有这道料理可以招待我。我答说不信，因为我明明看到有店铺放着烹煮补身汤的用具。我自告奋勇带领他们前去，果然，虽然不挂出招牌，但供应补身汤的生意照做，朋友不得不佩服我的眼光锐利。

认识古董商与文物爱好者

　　博物馆的业务非常多样，除了管理馆藏的文物与从事研究之外，还得做很多公关工作，以及筹划有关文化与习俗的活动。公关工作包括职务上与私人的交接，两者有时很难划清界线。我们和文物爱好者交往，一来是交换心得，二来是可能有一天需要向他们取得某种援助。在我交往的中国收藏家中，比较值得书写的有两人。首先是来自香港的黎德先生，或为了拓展海外的市场，或有意分散其财富，黎先生在博物馆之旁的富人商圈开了一家门面不小的中国古董分店，并把一部分店面租给苏富比拍卖公司当办事处。此古董店贩售比较高档的商品，而我们博物馆也经常购买文物，所以就相互拜访，互动熟络。那时我们部门刚接受一笔很大的捐款，指定要购买中国文物，黎先生也接受我们的请托，帮我们注意想要收藏的文物，有特殊的商品也往往先来探询我们的意向。

　　我们博物馆因为增建新馆，大大超出预算，以致筹划及展出的预算大受拖累，募款便成为馆方的重要任务之一。有鉴于此，黎先生愿帮我们的忙，游说一位富有的香港收藏家来捐款，好让我们的中国馆早日有经费可以进行设计工作。黎先生约请香港来的徐展堂先生和我一起吃饭，徐先生说一口流利的普通话，我们的交谈完全没有问题。席间，我解释远东部当时面临的情况以及我想如何发展的未来计划。徐先生听完之后，满口答应帮我完成心愿，但说捐款的数目该有个限制，因为他已经答应捐献一百万英镑给英国的维多利亚和艾伯特博物馆，所以第一年只能给我二十五万加币，而总额不要超过二百万加币。最先，我有点不相信自己的耳朵，他把二百万加币好像不当成一回事的样子。后来一打听，徐先生确实是香港的殷商，经营油漆、电缆等事业，为中资集团的主席，而且捐助各地的博物馆不遗余力，譬如美国的芝加哥艺术博物馆、新加坡国立大学博物馆、中国江西景德镇的陶瓷博物馆等，数目都在美金百万以上。

我非常高兴，除了向同事们宣告此喜讯外，当然也写了个签呈给馆长，以为立了一桩大功。谁知馆长竟然莫名其妙地拒绝此无条件的捐款，说徐先生的捐款，不是贿赂就是勒索，是以钱贿赂，或用钱勒索我们早点开放中国馆。此举惹恼了徐先生，所以我们继任的馆长，后来费了好大的周章，徐先生才勉强捐了一百万加币。

第二位是京都念慈菴川贝枇杷膏的董事长谢兆邦先生，也是黎德先生介绍的。香港有两个比较有名的文物收藏爱好者的组织，一是求知，一是雅集。谢先生是雅集的会员，收藏瓷器与书画。他的广东腔对我来说有一点解读的困难，但还能交谈。认识不久，他当上雅集的会长，我去香港拜访他，他摆桌把我介绍给其他的会员，还请容庚的学生——书法及古文字学家马国权先生作陪。我不知酒席的价钱，马先生小声地告诉我主人花了大钱，说主菜叫紫鲍，每一个才铜钱大，却要价五百港币。一盘十二个共六千元，我和陪宾马先生各吃了两个，我初次感受到所谓的奢侈。谢先生纯为好客，对我们并无所求。

一九八六年谢先生又来拜访我们，当谈到部门里只有我有教课的经费，可以到处旅游参观，其他成员就没有这样的经费时，谢先生当场说："让我招待你们四个人到香港和台湾参观博物馆，全部经费由我负责。"我们订了日期，通知他机票的金额，立刻就收到支票。当我们抵达香港时，就有人来接待，开车送我们到徐展堂所经营的旅馆，同时也送我们每人零用钱。在香港的全部费用是否由谢先生支付，我没有过问。徐展堂先生也招待我们去有会员性质的中国俱乐部吃饭，然后到徐展堂中国艺术馆参观他的收藏。我们也到香港大会堂美术博物馆参观，同时接洽在此接受我们筹划大型展览的可能性。离开香港时，我托人把零用钱退还给谢先生。到了桃园机场，谢先生又派台北办事处的干部致送每人五千台币的零用金。这次应同事的要求，并没有退还零用金，而是全数购买部门使用的图书。在台北的参观去了三处地方，一是松山机场的文物展示，一是鸿禧美术馆，一是台湾历史博物馆。来台北的重点是台湾历史博物馆，因为我接受委托，要做些促进两地博物馆交流的业务，我刚协助安排完我们的馆长来台北访问，现在便轮到自己带团来。行前我们拟了个计划，利用我馆修建而休馆的时间，把部门所藏的一些大型重要宗教文物送到外面去展示。台湾历史博物馆当然很有意愿跟我们交流，所以后来馆长也率团来我馆回拜，我也在台湾历史博物馆的馆刊上写了一篇介绍我们博物馆的文章。但是，后来我因故辞去行政职务，接着又回台来教书，两馆的交流业务就没有进一步发展下去。

　　远东部门的中国书画收藏很贫弱，而谢先生有不错的中国现代水墨画的藏品，我私下希望他能借展或捐赠一些。有一次去拜访他，表达了想去看他的收藏的意愿，他答说可能需要另行安排，因为藏品大都放在保险库里头。但在驱车前往他家的路上，他问我想看谁的画作，我答说李可染的山水，他说到了再说。谁知一进家门，墙上就有好几幅全张的李可染山水大作。谢先生有意要帮助我们，新馆的展览重新开放时，谢先生也对一个展柜认捐加币二十万。我本来也想向谢先生募捐一些中国水墨画，但随着我离职回台湾执教，这条线好像也就此中断了。

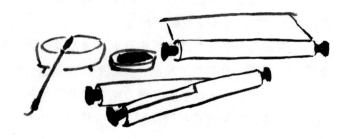

风水师

对于命相与风水这两档事，我本来和大多数受过高等教育的人士一样，认为那是迷信、骗人的东西。出生的时辰哪能注定一个人一生的命运？住家或坟墓的风水哪能影响一个人的运势？但是我却碰到两个人，改变了我对这门学问的看法。我现在相信，确实有人有特殊的能力，能看出某人的未来，甚至改变其命运。只是大多数江湖郎中没有实力，常诈骗人赚钱而已。

身为多伦多华人书画会的名誉顾问，我认识了从中国迁来的移民家庭。骆拓先生的家族是马来西亚华侨，而中国有名的水墨及西画画家徐悲鸿先生游历东南亚时，与骆家交往密切，常得骆家帮助，所以中华人民共和国成立后，徐悲鸿先生就认骆拓为义子，带到中国受教育，跟自己学画。二十世纪七十年代后，骆拓先生申请移民到加拿大。骆先生在陌生国度，别无其他谋生之道，就在家里教画谋生。因为他在加拿大名声不响亮，来学画的人不多，生活清苦。有一次在某佛堂礼拜时遇见香港来的新移民陈明先生，改变了他的处境。

　　陈明先生大概是九十年代中移民到多伦多来的。他自有事业，但业余替人看风水，很有些名声。他知道骆先生的困境之后，就主动说要到骆先生的住处看看，说不定有可以效劳的地方。陈先生到了骆家，观察一会儿后，移动了一些东西的位置，说是以后没什么大的变化，但进出门槛的人会增多而已。果然从此学生的数量增多，进进出出的人就多了起来，使得原有的住家容纳不了增多的学员，在搬了两次家之后，干脆就租了个商业区的一层楼，连学西画的儿子也叫过来，一起专业教授起画画来。骆先生对于陈先生，可以说是感激至极，佩服异常。

　　那时我们正在筹募让新馆的展览早日复启的捐

款活动。陈先生之前替人看风水的收费全数捐给弱势团体，所以骆先生认为可以请陈先生从此把收费捐给博物馆。我对风水本无信心，但不便拒绝人家这样的好意，所以就同意了。

我在每个星期十五分钟的系务会议中，告诉同仁们这个信息。史蒂芬女士在当副馆长的任内对我相当照顾，目前回到了原部门，她说她的家有问题，想请陈先生到她的家看看。所以我和陈先生约定在博物馆先见个面，然后一起去史蒂芬女士的家看看。陈先生一进我的办公室，就判断有个死去的人正在干扰我的业务。不过，他说我经常会得到贵人的相助，最终不会有什么大灾难发生，所以也不用多为我操心。

我们一进史蒂芬女士的家，他就皱眉头，口里啧啧作声，看起来很不满意的样子。然后打开了罗盘，在屋里到处走动，测量方位角度。一会儿之后，他要我当翻译，说他可以断言两件事：一是不管赚多少钱，一定有事让史蒂芬女士把钱给花光，二是身体检查诊断都没有毛病，但史蒂芬女士整天老觉得不舒服。这两点好像都说对了，史蒂芬女士就是老觉得身体不舒服。西方的医学既然不起效用，只好试试借助东方的瑜伽、气功、太极拳等种种方式，但也都没有用。在听了这段话之后，她就急着问这是她个人的房子，不是先生的，会不会影响陈先生的判断。陈先生就答说，不用再说下去了，如果我看不出你已经离了婚，就枉被称为"风水师"了。这个房子的问题太多，我没有能力解决所有的问题，最好是立刻搬离。

但搬家谈何容易！这位女士曾经是我的领导，第一任先生的职位本不低，但公司改了组，他的部门被裁掉，他也成为别人的手下，性情就开始异常，终于被医生宣告精神异常而被史蒂芬女士诉请离婚。看风水的时候是第二次结婚，但不久又离婚。第三次结婚之后一个月，先生就生病住院而死在医院里。

陈先生看了我好几个朋友的家，每次都让我惊奇，怎么判断得那么准确。现在只谈我自己的事。第一件事与博物馆募款有关，我们博物馆有专门负责募款的部门，但他们对于华人的社区不太熟悉，所以我们的董事长特准我也可以募款。我募款的第一个大目标是徐展堂先生，他也答应捐献加币二百万元，却被馆长拒绝了。这在博物馆界是没有听闻过的事，徐先生还没提任何捐赠的条件就被拒绝了，实在是匪夷所思。下一任馆长虽然努力地向徐先生募款，徐先生还是不太乐意地只捐了一百万元加币。

第二件事与韩国馆筹划有关。我和东亚系的同事刘在信教授合作，在韩国侨界寻求帮我们发展韩国文化的途径。好不容易，以推广与欣赏韩国文化协会为主体的韩国社区希望跟馆长见面，捐出五十万元加币，使韩国馆的筹划也可以立刻进行而得以早日开放。结果馆长给我的回示竟是不见面、不接受。

第三件事与南京博物院藏品展出有关。多伦多市有个安大略省美术馆，展览的重点是欧洲的美术作品。华人书画会很希望中国的美术作品也能够在该馆出现，争取将华人与其作品的地位提高。我借着前往江苏省访问的机会（因为美术馆也是省属的机构），希望通过省政府的运作，能将南京博物院收藏的明、清画作安排到安大略省美术馆展出。如果有了首例，则华人作品之后的展出就比较容易些。结果我接到美术馆馆长的电话，说他答应接受南京博物院藏品的展出，但我们的馆长不答应出借研究员，所以不能展出。加拿大博物馆界有个惯例，每个展览计划都要有位研究员负责学术方面的问题，美术馆没有中国书画的研究员，除非我们出借研究员给他们，否则展览计划就不能进行。不久前，因我们博物馆的新馆还来不及重新开放，所以就以埃及部出借研究员给美术馆的方式，把埃及图坦卡蒙法老的墓葬品转移到美术馆展出。所以，我们没有理由不出借研究员给美术馆。

在短时间内连续遭遇这三件不可思议的事件后，我不由得想起风水师的话，有个死去的人对我的业务有干扰！会是谁呢？我百思不得其解。

远东部的第一任主任怀特（怀履光）主教去世后，他的学生斯顿夫人号召一些有空闲、有文化的女士们，共同成立了一个怀特主教委员会。作为博物馆的外围组织，委员会主要的目标是从事各种活动，募款来协助我们远东部开展业务。这个组织的团员和我们部门的人员互动一向良好，历任的主任都援例受邀，出席她们的干部会议，馆员每年都被邀请和她们聚餐，部门如缺乏款项时也曾经向她们寻求援助。我也没有例外，和此团体保持着良好的友谊。

斯顿夫人一直是怀特主教委员会的主席，相当富有，一向受到大家高度的尊重。有一天斯顿夫人前来找我谈话。我们部门收藏的汉代到唐代的陶俑非常有名，达一千多件，颇多精品，她要我敦促负责研究这批材料的馆员在限期内发表成果。我答说已经指派这个馆员负责中国馆复馆展览的事宜，不能够分心做别的工作，这个要求须等待一段时间。这让斯顿夫人非常不满意，说如果我不能照她的意思去做，她就要另找人来取代我的位置，执行她的要求。以当时的状况，我不可能让步，中途改派别人去负责展览的筹划，所以并不在乎她将要怎么做。

斯顿夫人就去见博物馆的董事长，首先要收回我可以向华人社区募款的资格，说怀特主教委员会也要向华人募款。董事长竟然要我写信给答应捐款的人说我不再有接受捐款的权限。接着，斯顿夫人与博物馆商定，她拿出加币三百万元在我们部门设立两个基金，分别为二百万元与一百万元，用以聘雇研究人员，还特别指明，二百万元基金的讲座预定派任为远东部的主管。我第一次被派任为主任的任期是三年，第二次则是无期限。看到人家已拿出了三百万元来设立讲座，何必等馆长来免除我的主任职务呢？所以在还没有聘到人才之前，我就自动请辞已当了八年的主管职务，专心回到研究岗位。后来我又提早办理退休，回台湾来教书，某年暑假到部门探望旧日同事，获知斯顿夫人过世，并把财产全数捐给了博物馆，数目竟然将近加币一亿元，怪不得博物馆管理层很听她的话呢。

斯顿夫人是怀特主教的学生。怀特主教和明义士先生都在中国从事宣教活动，但属于不同教派，都对中国古代的文物有兴趣，收集了不少文物，在中国都有相当的知名度。第二次世界大战之后，两人都卸下教会职务，不约而同地在多伦多大学东亚系执教，可能因学问上的争执，两人相视如仇。我是明义士先生的儿子出资，聘请前来整理明义士先生的甲骨收藏的，会不会是因这层关系，怀特主教才迁怒于我，使用冥力干扰我的业务，不让我当主任，也才有这一连串不可思议的事件发生？

接待皇室成员：
英国女皇亲访博物馆

我们博物馆远东部是加拿大收藏中国文物最丰富的单位，也是安大略省旅游的重点，每年的访客约有一百万人次。身为部门的主任，经常要亲自担任展览的导游，尤其是当政界的人物来参观时。我印象比较深刻的有四位政要。

在我来到博物馆工作的早期，比利时国王与王后来加拿大访问，除了参观展厅，还特别声明要到我们的办公室来致意。对于这样的请求，为了怕我们不懂得皇家礼仪，省政府特别派人来教导我们如何行礼、如何回应。那时新馆扩建还未进行，我们办公室很小，大家就在图书馆兼接待室的地方列队欢迎。男士上身鞠躬就行了，女士就双手拉裙角、右脚半曲后退。国王和我们一一握手寒暄，和蔼可亲的样子。历时虽短，对我而言，却是第一次如此接近戏剧中才能看到的情景。

第二位是英国女皇。新博物馆完工后，说是要献给大英国协的最高领袖，而伊丽莎白女王也将亲自来接受此荣耀。签字接受的仪式将在新馆一楼的远东部展览厅举行，因此决定由馆长和远东部的主任分别接待女皇和夫婿菲力普亲王。举行仪式的那天早上，女王、菲力普亲王、馆长和我四人在展厅的中央，上百位被邀请来的观礼大众站立在十几米处的圈外。签完字后，女皇与馆长对话，菲力普亲王则前来找我寒暄。说了一些客套话后，菲力普亲王忽然想起了什么事似的，问我中国政府有没有向博物馆提出归还文物的要求。我不懂外交的委婉，也没有恶意，不假思索地回答："没有。我们的收藏都是通过正当渠道获得的。"我没有想到这句话隐含着这样的意思：大英博物馆收藏的中国文物有些是以不正当的手段得来的，所以中国才向他们提出归还的要求。我们的交谈一时之间僵住了，一直到恭送他们离开，我们再也没交谈。

第三位是中国江苏省的女省长顾秀莲女士。由于两省结为姐妹省，她来做访问，也安排参观博物馆，指定由我导览。因为给我的时间不多，我很快从青铜器时代跳到清代，而完成解说。顾省长竟然意犹未尽，惊讶为何介绍这么短！几乎所有的政治人物都知道这种导览的安排只是点缀行程而已，不会嫌长，也不会嫌短，因为他们大半是不感兴趣的。我答说只要给我时间，多长时间都没有问题。

当然负责安排行程的人回答说没有多余的时间，所以就结束了导览。我顺便向顾省长提出请求，我们的展厅是以中国四合院的结构设计的，如果能有一块大的太湖石点缀庭院的一角，将会使展品大大增光，希望江苏省能赠送一块给我们，作为两省友谊的见证。顾省长当即一口答应。事隔不到两个月，博物馆果然接到机场的通知，大石头已经到达了。观赏用的太湖石在中国是管制品，要有执照才能出口，不想一次短暂的导览就使我们得到一直想要的东西了。

第四位姑隐其名。有一天我接到电话，对方希望我能够为某位到访的台湾某市市长导览。我早在约定的时间之前便在门口恭迎，市长一到，马上说有人告诉他，我们远东部展示的菩萨脸孔很像他，要我带他去看看。我带他到展示三幅元代大壁画及十几尊等身高的木雕佛教菩萨处，市长问我菩萨像不像他，我有点不以为然，心想，应该说你像菩萨，怎能反说菩萨像你呢？就回答说不像，但又揶揄地说，侧面看起来有点像，因为金代和元代的菩萨都塑造成身材伟硕、脸庞微胖的形象，就肥胖这一项讲，确实有共同点。结果市长就侧面和菩萨照了张相片，立刻告辞而去。我在博物馆界工作了三四十年，从来没有见过听过这样不礼貌的访客，难道浪费我的时间只是为了省几张门票的费用吗？

甲骨的漂流：代购甲骨

甲骨的身世有时候很坎坷，被卖来卖去，所以某片甲骨会在不同收藏家出版的早期甲骨拓本书中出现，我在无意中也参与了一批甲骨的买卖。我们部门每个星期三下午有文物鉴定的免费服务，但不会有损古董业者的权益，所以我们只鉴定文物的真假与有关的讯息，不写鉴定书与估价。如果持有者希望知道文物的市场价值，我们就会让他们自己去查我们部门图书馆所藏的富士比等各种拍卖的目录。这种服务是鼓励民众对文物的了解和喜爱，对我们自己也是一种增加阅历的机会。

甲骨大半收藏于公家的机构，私人收藏或公开买卖的情况很少。有一天有位妇人拿了一盒十多片的甲骨来鉴定。我一看，都是真的，片子蛮大的，刻辞也很有可观。我一查拓本出版物，发现是日本人的收藏，由郭沫若整理出版为《殷契粹篇》的书中有收录。进一步询问之下才知，原来此妇人的父亲是苏联的汉学家，到过中国访问。郭沫若是有名的甲骨学者，也是文艺创作者，在中华人民共和国的政治体制里占有很高的位置，他将这盒甲骨送给了这位苏联的访客。至于郭沫若如何从日本收藏家处获得这些甲骨，就不得而知了。这位妇人新移民来加拿大，也将父亲的遗物带来了。因为是新移民，经济情况不充裕，想出售这批文物。我答说馆藏的甲骨已够充实，可以满足各种展示之用，所以不打算收购。但可以等待机会介绍给另外的公家机构，请她留下联络方式。

我有个韩国籍的学妹梁东淑，到台湾大学中文研究所留学，回国后任教于韩国淑明女子大学，曾经来博物馆拜访过我，有一些联系。她希望我出席她筹办的国际甲骨学研讨会，而且还希望借给淑明女子大学一批甲骨实物，以便在研讨会期间展示，用以增加会议的效果。我于是建议由大学买下这位苏联新移民的甲骨，作为永久性的收藏，那将是韩国第二个收藏甲骨的机构。她请示学校后告知接受建议，于是我就先垫款向这位妇人购买，开会的时候带去。与会的教授们得知价格后都表示他们也有能力购买这批文物，我答说要不是公家的机构我也不会介绍，我本人何尝没有如此的能力呢！

回台湾，教书去

学长曾永义曾多次来多伦多看我，知道除公务外，我没有很多知心的朋友。虽然朋友们已经安排让我每两年的暑假回台大中文系客座三个月，进行特别的教学，但毕竟那不是正规的课程，没有延续性，没有什么大作用。因此建议我结束博物馆的工作，专心回台湾教书，培养研究甲骨学的种子。我之前因为封闭的中国馆还未恢复展示，任务还未完成，所以离不开。好不容易中国馆的新馆终于开幕了，我的阶段性任务算是完成了，可以走得开，正好这时台大中文系教文字学的黄沛荣教授来多伦多探望亲人，也来博物馆找我，劝我回系授课。我答应他说，如果他办成了相关手续我就回去。过了几个月，我突然接到曾永义学长的电话，告知"国科会"已批准我回校讲课一年的申请，而学校很快就要开学了，要我赶快回来。于是我立刻向博物馆申请一年的无薪假期，并将我的薪水用于雇用临时人员在部门的图书馆工作，同时也订机票，不到两天就回到台湾来了，应了算命师给我的预示：五十五岁改变生涯。我要回到台湾来教书。

第五章

我要的理想生活

杏坛里的报复

　　回台大中文系客座的任期只有一年，如果要留在系里继续教书，就要通过正常的聘任通道，即系里要有空缺，还要与其他申请者竞争而申请到教职，经过教授们投票并以三分之二的票数通过后，再报请学校批准。我回到台湾的目的是教授甲骨学，指导学生写相关的论文，如果没有学生有意愿跟我学习这门学问，我就没有必要留在台湾。所以在上甲骨学的课堂里，我就向学生表达了我的意向。

　　到了学年快结束时，硕士班的吴俊德同学向我表达他有意愿请求我指导硕士论文，而系里也正好有职位出缺，于是我决定向中文系申请专任的教职。我的申请得到系里教授们的投票通过，我也就向博物馆再申请无薪假期一年。依博物馆的规定，员工最长只能申请两年的无薪假期，若超过这个期限就必须离职，但请假的日数也计算在年资之内。我打算到时候正式办理退休，可以达到领受退休金的最低门槛。我决定全心全意回到台湾教书，应了我妈妈多年前在台湾替我算命的预言，五十五岁改变生涯。但回到台湾后却没有太大的作为，大概也因此不值得预示五十五岁以后的命运吧。

甲骨学是冷门的学科，学习的学生很少。文字学在中文系虽是必修课，但人才也不多。台大中文系这两门课的储备人才都严重不足，所以才有张光裕教授与我轮流于暑假回来，安排三个月的特别课程，在征才的时候也都把这些专长标作重点考量。就在我已是专任而轮到我休假的那一年，系里还是因师资的原因，停开了二年级的必修课文字学。但是到了真正征聘人员的时候，大家却因私心，不考虑系里极需储备这种师资的需要。

吴俊德同学的硕士论文由我指导，他很好学，做学问很扎实。我在课堂讲解我所发现的、以甲骨上的钻凿形态作为甲骨断代的新标准（张光直教授称许为甲骨断代的第十一个标准），他向我表达想到博物馆检验甲骨实物的意愿。暑假我就安排他去多伦多待一个星期看我们馆藏的甲骨，他一点也不想浪费能够接触文物的机会，连我提出周末开车载他去看著名的尼加拉瓜瀑布的建议都被婉拒了，他宁愿在博物馆里多看一些文物。他的硕士论文《殷墟第三、四期甲骨断代研究》，一九九七年由艺文印书馆出版。大陆学者写作的《甲骨学一百年》，论述以大陆地区的研究为主，非必要不提大陆以外发表的论文，却也提到了这本书的研究。他考上博士班后再度请求我指导其论文《殷墟第四期祭祀卜辞研究》，这篇论文也很快被系里的学术委员会推荐发表在文学院的《文史丛刊》上，可见他的表现是受到师长们的肯定的。但是他在申请系里的教职时，却遇到让人气愤的挫折，而且是因为我的关系。

有一年我被推选为系里的学术委员，轮值当主席。某校的教授两度检举本系的某教授抄袭对岸某人的文章，诘问何以不加以处理。抄袭对于一个教授来说是非常严重的指控，系里不能不处理，于是，要作为主席的我召集学术委员开会讨论，我不得已召开了会议，讨论有无涉嫌抄袭之处。会前我接到某师长关切的电话，相信其他的成员也接到了类似的电话。所以开会时，大家觉得虽然有类似抄袭之处，但可以用改写文句及加上注解的办法淡化之。对于某教授来说，这是非常宽厚的裁决与建议，哪知道该教授竟然单单怪罪起我这个召集会议的主席，开始散播我的是非，说我对学生非常严厉，有学生因此得了失眠症，非常痛苦。等到我的学生吴俊德申请教职时，竟然串联同事，把报复加在他的身上。

申请者的著作循例要外送三位公正人士评审与评分，当届有五六人申请职位，外审评分的平均结果，高过八十分的有三人：吴俊德同学最高，接近九十分，第二名八十五分，第三名八十二分。一般情况下，评分差那么多，应该会选第一名，何况他的专长又是属于系里极度缺乏的文字学类！

在未投票之前，有位同仁特地来向我警告，他疑惑我怎么按兵不动，并告诉我某教授已暗中串联同仁，说我学生的不是，要"做掉"我的学生。及至投票日，有人起来发言，歪曲事实，说我的学生要用高中的课本当教材来教大一的国文课，有人说我的学生孤傲不合群。我举手要辩解时，主持会议的系主任就说没时间发言了，立刻就要投票表决。果然投票的结果，第二名入选，我的学生得不到三分之二的票，过不了入选的门槛。我非常生气，气的不是我学生的落选，而是大家成群结党，不顾中文系长远的目标。隔一年吴同学再次申请，也是在同样的情况下不被录取，所以我自己决定，退休后不到系里兼课，也不参加系里主办的各种活动了。

失而复得

　　我在读研究所的时候结婚，系主任台静农老师送给我一幅字与一幅画作为贺礼。我因为居处还不定，后来又忙于赶赴加拿大之事，没有加以裱褙，到了加拿大方才发现把这两幅字画给遗失了，非常懊悔。

　　同学邵红教授来加拿大找我的时候，我几次向她谈及我的遗憾，她就说要代我再向台老师请求补写，我答说自己没有妥善珍藏老师送给我的东西，哪有脸再向老师索求。我的心中一直很愧疚。

　　回到台湾大学来教书后，有一次系主任叶国良教授问我，我最希望得到什么东西。我不加思索，答说希望找到台老师送我的结婚礼物，一幅字与一幅画。他竟然说要让我的愿望实现，我非常讶异。结果，他真的送来这两幅字画。

　　原来研究所毕业后，在等待应聘去加拿大工作之前，老师们安排我在系里当助教，处理一些简单的工作。我负责购买系里需要的图书，就把台老师送我的字画夹在众书籍之间，在匆促办理离校手续时，竟然把这两幅字画给忘了。继任我职务的助教叶国良先生在整理我购买的书籍时，发现了这两幅署名送给我夫妇的结婚礼物，就替我保存了下来。现在我既然回到学校来教书，他想物归原主，所以有此一问。幸好我答说最希望找回台老师的礼物，否则就尴尬了。

世新大学兼课

我回到母系教书，我的好友黄启方教授却提早退休，转职到世新大学人文社会学院，创建中文系去了。在朋友的送别餐会上我痛哭了，好不容易舍弃加拿大的工作回到台湾，期望能与朋友们时常会聚，好友却又要到另一个学校就职。虽然世新大学和台湾大学相距不远，总不如在同一个系所里容易相见，故而伤心落泪。

我回台大的第一年是客座的身份，不能够到其他的学校兼职。第二年改为专任后，就可以到其他学校兼职，所以黄启方教授就邀请我到世新大学中文系兼课两个小时，教授二年级的文字学，于是我开始备课写讲义。后来台大中文系的黄沛荣教授轮休一年，请我代他教授文字学课。黄教授归假后竟说文字学不是他的专长，要我继续教下去，课程委员会也同意由我来教这门课。这样一来，两个学校上我文字学课的学生就多了起来，把讲义出版大概也不会让出版者亏本，而且主持学海出版社的朋友李善馨先生也一再希望我有书让他出版，因此就把书稿影印由学海出版社出版，名为《简明中国文字学》，之后大概每两年就重新印刷较新的版本。我不取稿费，但也没有给学海出版社版权。所以李善馨先生过世后我就把版权交给了另一个出版社。

我教文字学与大部分教此课的教授们有异。我在大学时期就常对《说文解字》的解释感到疑惑，随着年岁的增长，知道《说文解字》所据以解说的字形，因为流传时代久远，字形常有讹变，所以解说得不清楚。如要真正了解一个字的创意，根据越早的字形就越适当，所以尽量依据商周时代的甲骨文或金文的字形来解说文字的创意。尤其是领悟到早期的文字创意多与古人的生活经验有关，所以我常根据古代人的生活观点去解释，不太纠缠于古旧的说解，因此用"简明"表达其旨意。有人说这是新文字学，有别于以往以《说文解字》为主要依据的旧文字学。

中国大陆大概也有人读到这本简明的文字学著作，觉得还蛮新鲜的，所以当中华书局有意出版台湾的著作而派人来台时，也向我交涉，想出版繁体字版的《简明中国文字学》。我也顺势提出附带条件，还要出版我的古文字学论文集。中华书局同意了，所以一年内两书先后出版，后者书名为《许进雄古文字论集》。《简明中国文字学》初版三千册，不到两年又加印两千册，我庆幸没有让中华书局因出版我的论文集而亏本。

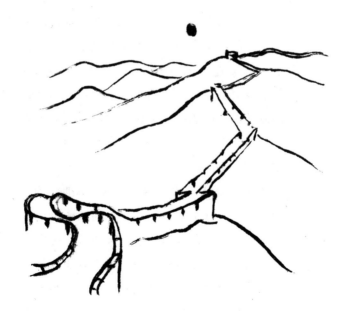

喝咖啡结缘的好友

　　二〇〇六年我届满从台湾大学退休，就转往世新大学中文系当专任教授。我的研究室在舍我楼十一楼，与日文系陈炳昆教授的研究室相邻。陈教授是日文系创系的教授，教授日本近代文学等课程。我在多伦多大学攻读哲学硕士时，也曾跟安东尼·雷门教授上过日本近代文学的课。我当时颇为勤奋，每周至少花四十小时，研读指定的课业，准备给老师讲两个小时的读书报告。日本文物也是我任职的博物馆远东部仅次于中国与印度的收藏，作为远东部的主任，我对日本文物也有粗浅的认识，和陈教授有交谈的话题。陈教授因健康的原因，每天都要喝一杯咖啡。我本来没有喝咖啡的习惯，到世新大学专任之前那个暑假，我回多伦多探望妻儿与朋友，随兴买了一部咖啡机，就天天喝起咖啡来了。陈教授为人慷慨，知道我也喝咖啡，便邀请我到他的研究室，由他亲手制作咖啡，一起边喝咖啡边聊天，这竟然成为每天的例行公事。甚至我从世新大学退休，兼了几堂课，也经常去拜访他。他当天即使已喝过咖啡，也会再跟我喝一杯。

我们两人不但天天一早到学校，连星期六也经常到学校来看书，下班时就结伴走到捷运站再各自回家，或一起吃晚餐后才各自回家。陈教授平易近人，不但是本系的学生，就连外系选过课的同学也经常来研究室问声好，生日的时候还有从南部上来庆祝的学生。他友善对待学生，请学生替他买中午的便当，也都顺便付学生的便当费用。他在研究室里设有一个零钱箱，学生有需要时可以自由取用。我约好朋友吃饭时经常也约他，他与他的朋友吃饭时也常约我，我与日文系的教授与职员也大都认识，几乎可以算是半个日文系的人了。我与原是台大中文系毕业的曾永义、章景明、黄启方三位教授有五十年的交情，虽然我与陈教授的交往不到十年，但交情也差不多一样深，每次喝咖啡都会想到他。

不能破坏我的行情

　　有一次在酒宴中我坐在世新大学通识课的主任赵庆河教授旁边，谈到我在皇家安大略博物馆远东部工作了三十年，赵教授就说我一定对古文物有些认识，我不否认知道一些。他说想开一个中国文物的通识课程，正在物色老师，想来我三十年的工作经验应该可以胜任，问我可不可以去兼课？当时我没有多想，就用一句"何乐而不为"作为回答，餐后就没有把这答复当作一回事了。想不到暑假将结束时，突然接到赵教授的电话，说课程已然通过，请问课程的名称与教授的时段。我全无准备，手头也没有图书与幻灯片，但又不好说酒席间的交谈是玩笑话，只好硬着头皮接下任务，赶快编写教材。正好不久前我们博物馆同仁合作写了一本大型画册介绍馆藏的珍品，我也把内容翻译成中文，定期刊到多伦多本地的《明报》上，大致可以作为讲课的主要内容，而且这本书也有现成的幻灯片，若再配些其他收藏的文物，大致也可应付了。

　　世新大学上这门课的学生有学传媒的，很熟悉把图片数字化的方法，愿意替我把图片转成图档，既可以在电脑上编辑，也可以用投影仪投影到银幕上，方便学生观看。知道了这种方式以后，我也可以在电脑上写文章介绍文物，再把讲义印发给学生，方便他们学习。

我讲授文物课的方法是以器物的类别分章节，再依年代做纵向的介绍，又选出精品，详细说解。我往往讲解一件文物的社会背景，也往往配合古文字与经典、考古、民俗等相关讯息，和一般的考古报告很不同。我后来也把文物课排到台大的通识课里。台大上课的学生比世新大学的学生认真得多，早上十到十二点钟的课，学生经常与我讨论到一点多才去吃午饭。后来改为在所谓进修班的夜间部上课，选课的学生大多是在白天有工作的，其中有一位在石头出版社上班的学生，向她的主编推荐我讲课的内容认为很有趣，值得出版。我于是先把一些讲课的内容写出来，请主编参考，斟酌是否值得出版。后来我和主编见了面，决定了版面的大小与格式、每篇字数的多少、总共写几篇等具体内容。但最后谈到版税时，主编说石头出版社出版图书一律使用质量最好的彩色印刷与纸张，版税的行情是定价的8%，也愿意发函到各机构取得引用图版的使用权。我一时想不开，说在台湾商务印书馆给我的版

么原因，文学院院长林耀福教授也推荐了我到学校去。听说在学校的校务会议上，参加会议的中文系某教授认为我刚来校服务，年资太浅，不宜被任命此重要的名位。既然有本系的教授反对，大家就顺势赞同其建议，因此连送外审查的机会都没有。院长林耀福教授大概要补偿我，就推荐我为胡适讲座教授一年，可以多领几十万元的薪水。曾永义教授在之后得到学校的讲座教授前也获得胡适讲座的任命（后来又得台湾"国家讲座"教授、台湾"中央研究院"院士），但他把奖助全部捐出来，作为纪念郑骞（因伯）老师的奖学金。

经营博客

　　大致是转变为专任教授的第二年，我幸运地被分配了宿舍，即入住在温州街巷的台湾学人宿舍。我住的是眷属宿舍，其他教授们都是三房，只有我这一户在车库入口旁边，虽也有客厅、厨房、浴室，却只有一个睡房而已。有眷属的教授们都嫌它太小，不愿选取，所以才让我年资如此之浅的人轮到。

　　有一些教授组织了个每周二晚上吃饭的转转会食党，大半的成员都是台大哲学系的教授，也大都是我的好友，所以我也加入。我们在六点半会齐吃饭，然后转到杨惠南教授的宿舍聊天，十点结束。成员中，赖永松、杨惠南都在网络上开办博客等网络空间。赖兄的网站叫一日一言；杨兄则有四个博客，分别就新诗、哲学、佛学及时事发表文章。赖兄经常把短文作品影印发给大家，由会友念出来。而杨兄除写文章外，也创作油画，我们时常在客厅里欣赏他的成品与未成品。

　　有一天我做了一个梦，梦到赖兄拿来一堆文稿要我帮他写序，打算出版。其文稿图文并茂，那是我把他的文章和杨兄的油画的记忆结合在一起了。我清楚地记得梦中用甲骨文的强字去形容赖兄的散文及短诗简短有力，因此就把梦境记载下来，贴到赖兄的网站上。不想引来好几个回应，说中国文字很有趣，要我解答某些字。在我做了几次回应后，有几位网友建议我干脆也开个有关中国文字学的网站，甚至热心地帮我取名字，答应帮我设计版面及教我建构网站的一些技术性问题。作为教授文字学的老师，我也希望更多的人对中国文字有兴趣，因此就接受他们的好意，打算开始经营这个网站。

我本想给这个博客取名为"文字小讲"，因为我有一本讲文物的书，简体字版的书名被出版社改为了《文物小讲》，这个网站的文章我打算用同样的手法来写，所以想如此取名。谁知杨兄已将我的网站注册为"殷墟书卷"，因为我研究殷墟的甲骨文。同时也把站主命名为"殷墟剑客"，还替我介绍："一个右手持剑，左手捧着古文物，口衔甲骨文的游子从加拿大枫树林里的博物馆，归来……台湾……"

杨兄在二〇〇八年十一月十日把我的文章传了上去，我也开始学习把文章上传以及经营博客的技巧。开始大致是一周写一篇，因为杨兄也号召他的朋友来捧场留言，我得回应，因此进度缓慢下来，但至少两个星期也会写一篇。对于如何把一个汉字用一千一百个字去介绍，我常常要构思好多天。为了定期有新文章发表，我就把以前写的回忆散文，一段一段地插在中间，让我有足够的时间思考下一篇的写作。

由于内人罹患失忆症，家中乏人照顾，我就回多伦多打算永久在加拿大居住下去了。最初还保持博客的写作，到了二〇一二年，自己已没有心力再持续写下去，所以就任由其荒废了。后来我不再适应加拿大的干燥气候，全身皮肤过敏，痛苦不已，以为换个环境就可以减轻困扰，所以就把内人带回台湾来，但更为忙碌起来，根本没有能力再写博客的文章了。有一天突然觉得，花了时间写的文章，不出版太可惜，便把它寄给台湾商务印书馆，试试能否被采用。想不到很快就出版了，而且销量还不错，甚至要我签名，并安排与读者见面等我从未经过的活动。当时在博客写文章，就是希望多一些非中文系领域的人能读到，书的出版让我的愿望更充分地实现了。

爱玩电玩，
所以不禁止孩子玩电动游戏

　　我大致是有了电子游戏就开始玩了。刚开始我玩一些动作性的游戏，用以纾解工作与学业的压力。我所玩的游戏都属于即时性的，可以随时结束，不必储存资料以待下次继续玩。我两个孩子都蛮内向的，很少到别人家，都是同学来我家玩。他们都在地下室玩，不会干扰到我们的生活。我因为自己也玩电玩，不觉得它会太妨害学业的进度，所以也没有禁止他们玩，但都跟他们约好，要有所节制，不能影响到学校的学习进度。有时我也到地下室看他们玩，甚至加入战局。我不能有双重标准，自己玩电子游戏却禁止孩子们玩。还有，电玩已普及，学生们都在玩，如果不让自己的孩子玩，他们和朋友们可能会因缺少交谈的话题而生隔阂，会造成孩子成长过程中的遗憾。

　　大儿子的朋友中有位是电脑天才，无师自通，常被电台邀请去讲解有关电脑的问题。孩子的朋友每个星期至少来我家玩两三次。这个朋友很喜欢破解设在游戏上、防止复制的密码。那时我买了一套很昂贵的中文处理软件，书写的文本可以储存，但是需要通过一个所谓密钥（key）的装置才能进行储存的操作，文字的写作如果不能储存就没有意义了，因此需要购买这个密钥。我有意试试这位同学的能力，就说如果他能破解这个密钥的密码，即可以不用密钥而储存文件时，就奖赏他一百元加币。我心想，就算能破解，起码也要花上几个小时才能做到，想不到他用我的电脑只花五分钟就破解了。我看到他到电脑某个都是四个数码排列的区域，修改了其中几组的数码，就真的不再需要那个密钥了。我依约定给了他一百元，但是我把这个程式卖给几个要使用这套软件的人，反而赚了一些钱。

有一次这位同学拿来个游戏，说是让我玩玩看是否喜欢。我以姑且一试的心情去玩，想不到就迷上了，从此就一直玩这类的游戏。这位同学给我玩的是属于角色扮演的游戏，基本上是一个人或一群人，通过各种磨炼，最后完成任务。因为历练有很多种，要通过种种的关卡，所以游戏的时间很长，要把过程给储存下来，下次再继续玩。我原先就是不想花很长时间玩一个游戏，所以都不玩这类的游戏，不想从此就迷上了角色扮演的游戏。这位同学见我喜爱这种游戏，便把买来的游戏还未拆封就借给我先玩，我觉得不好意思，就给他一部分钱分摊费用。从此各种各样的游戏都买来玩，我在多伦多大学的学生有时也借给我游戏玩。

所有的游戏都要花费时间，所以很多家长不让他们的孩子玩电子游戏，生怕妨害他们的学业。其实，适度玩游戏未尝没有好处，尤其是角色扮演的游戏。玩角色扮演游戏一定要有耐心，训练扮演的角色的体能或魔力。对于每一道关卡，还要思考有何必要的工具，到何处取得，如何取得等，养成细心观察的习惯。说不定我的一些学术习惯也有得力于电子游戏的地方。

来到台湾大学教书，我就去探寻有无玩电子游戏的学生社团，发现有电玩社，我就交会费成为一般会员。电玩社的社址原先在第一学生活动中心，后来迁移到校外的第二活动中心。我偶尔到社团与学生们交换心得或请教讯息，更重要的是，有些角色扮演的游戏需要相当程度的打斗技巧，如果过不了关卡，我就请社友替我打一打，让我可以进入下一道关卡。学校的学生社团都需要有个老师挂名指导，我参加电玩社的第一年，有社友成绩不理想，被学校退学了，指导老师可能觉得颜面有损，就不愿再当电玩社的指导老师，所以社长就来找我，希望我挂名为指导老师。我义不容辞，而且又可以省去会费，所以就答应了。

想不到当指导老师的第一年，就有两位女学生考上研究所，一个考上中文研究所，一个考上历史研究所，可见玩电玩也可以不影响学业的。我一直当指导老师到退休为止。社团可以邀请校外人士前来演讲，学校会补助经费，我很想替电玩社争取一些补助，不止挂个名而已，几次请社长邀请专家来社里演讲有关电玩制作的问题，但社员们的主要志趣是玩游戏而不是设计游戏，所以社长始终不热心于演讲之事，一场也没有举办过。我朋友沈毅的儿子沈芃岳，中兴大学中文系毕业的，也对电玩很有心得，与我结成忘年之交，很感激他经常提供我新游戏，省了我不少花费。

说起电玩，还有一段有趣的故事。有一次我到台大附近的电玩店选购游戏，有个八九岁的男童，大概也是常客，知道我常去，也知道我是为自己购买游戏的，他走到我面前，很正经地问我是否可以接受一个礼物。我当然回答可以，并问是什么礼物，他递给我一张比较罕见的《游戏王》的卡片。《游戏王》是种卡片式的游戏，需要分别记忆超过千张卡片的各个不同的能力，那不是我喜欢玩的游戏种类，所以我就送给了我的小儿子，并建议把这款游戏的动漫影片推荐给他服务的电台。

小儿子对于玩具、电玩与动漫都很有兴趣，家里的地下室、客厅、他的房间都堆满了他的收藏品。加拿大有个电视台叫Youth TV，以中小学生为播映的对象。小儿子在该电视台的市场研究部门上班，但因为他对于玩具、电玩和动漫都有非常丰富的知识，所以公司也借重他在这方面的知识，常被咨询，代表电视台回应观众所提的问题。电视台本来只打算一星期播出一集《游戏王》的节目，想不到观众的反应异常热烈，所以就改为每日都播出。后来小儿子也筹划全球性的钢珠铁人的比赛，并计划举办《游戏王》卡片游戏的比赛。

　　说起我对电玩的喜好与热忱，可以讲一个例子以见一端。我喜欢看日本《海贼王》（One Piece）的漫画和动漫，后来改为《航海王》，写一个小孩子向往海上冒险的故事，已连载二十年以上，非常受各国人的欢迎，周边商品也很多。根据这个漫画制作的电玩有几个，我玩过其中一个，不觉得很有趣，后来看到有一款免费的游戏叫One Piece Treasure Cruise，也不怎么在意。有一次暑假回加拿大探望两个儿子，小儿子说他正在玩这款游戏，很有趣，其中有要与朋友一起玩的方式，可以得到特别的奖赏与道具，他没有别人可一起玩，所以要我下载跟他玩。我有两个iPad，所以就玩两个账户，可以自己跟自己，也可以分别和小儿子玩。回到台湾，系里的助教徐小绿也玩这款游戏的日文版，她教我如何设定多个国度的账号，我就分别在两个iPad上安装了两个英文版、两个日文版，以及一个中文版的账户。因为中文版需要下载，我只有一个电话号码，所以只能使用一个账户。每个星期我去系办公室一次，与助教玩这个游戏，大概只要几分钟的时间而已。

我对这款游戏很着迷，除了因为我是《海贼王》漫画迷，这个游戏里的每一个角色都认识外，最重要的是这个游戏如其漫画一样，极尽想象力，每个角色的能力都有不同，分成五种形态，相互克制。有些角色可以增强全体成员的体能，有些则只增强某类型角色的能力。有些可以增强攻击力，或防御力，或设陷阱，连乘船也有各种功能。每道关卡各有特色，玩家就得针对关卡的条件选择船员。玩这个游戏除了要有相当的脑力外，最重要的是需要耐性，每个船员都要从低等训练起，还要等候及寻求升格的物件。每道关卡也都有等级，养成了足够的能力，再攻取次级的关卡。这个游戏可以量力选择主要的进度，也可以尝试很多副线，取得特殊的战利品或某种能力。这个游戏是免费的，但可以购买道具，让玩起来进度加快，到目前为止我没有花过半毛钱购买道具。玩每道关卡都需要相当量的"血"，但可以用彩虹果实补充。如果每日持续玩的话就可以得到一颗果实，持续很多天的话还可以得到不同的奖励。所以我每天例行的工作是，一早起来就先进入两个日文版与中文版账号的游戏，吃了早餐后要不要玩再看情况，晚上八点钟以后也先进入两个英文版账号的游戏。自从玩这个游戏后，我就把其他的游戏暂时搁置起来，看样子再过一二年也没有机会玩那些游戏了。

酒党第一副党魁

　　我在台大求学的时候就因喝了一杯啤酒而醉倒，被一个同学背回宿舍，并劳动多位室友烧开水、买药为我解醉。我以为自己不善饮，也始终不敢饮酒。到了加拿大，有应酬也始终浅酌，做做样子而已，然而回到台湾后，却被封为酒党的第一副党魁。不知者还以为我酒量甚佳，才博得这样的称号，其实别有原因。

　　我在台大中文系读书时有三个最要好的朋友，高我一班的曾永义，同班的章景明与黄启方，他们三人都颇有酒量。研究所毕业后我到加拿大多伦多的皇家安大略博物馆工作，他们三人则在大学任教职，有了收入，在餐厅聚餐的次数就渐渐多了起来，席间免不了要饮酒助兴。开始时三人戏称他们的聚餐为酒党，他们三人同岁，但曾永义月份最早，所以就当上党魁，章景明其次，就称为第一副党魁，黄启方最年轻，所以是第二副党魁，后来一起喝酒的人越来越多，也都以曾永义教授为老大，承认其党魁的地位，他也开始封官赏爵起来。

酒党讲求的是人间愉快,不争权夺利。党魁大哥曾永义教授是两位小弟所敬佩的,所以也认定其党魁的位置是终生职,不必改选,也专掌奖惩,其任命的不但有现代职务,后来还比照封建帝王,开始有长公主、小公主,各省总督、将军等封赏了。我人在加拿大,所以初受封赏为"北美总代表"。回到台湾教书定居后,不便再当北美总代表了,于是章景明与黄启方二人自动请调职,由我当第一副党魁,他们降一等,分别为第二、第三副党魁。

我们的老师张清徽教授晚年食欲不振,我们当学生的就组织了餐会来劝老师进食,每星期三中午学生们就从各地来到学校第一学生活动中心的餐厅跟张老师和王叔岷老师用餐,因是在星期三中午聚餐,就戏称为"三中全会"。后来老师相继过世,以曾永义为首的一部分人员就移师到金山南路与信义路交界的宁福楼聚餐,加入一些非台大中文系的人员,时间也改到星期四中午,因此也改称为"四中全会"了。

聚餐饮酒是为了交欢结好,愉悦心情,自被任命为副党魁,我也玩笑地创了个马门,说得俗一点,就是拍马屁的门派。我指派与会的沈毅当"祖师爷",但只当马门的门面,诠释权握在我这个掌门人手上。有几个朋友就戏称我为师父,也要学我拍马屁的学问。大弟子是学音乐的施德玉教授，二弟子是台大的郭守成教官，三弟子是台大中文系的周学武教授，关门弟子是学戏剧的张育华博士。马门的宗旨是只拍党魁一人的马屁，但不是没有技巧地乱拍。第一，我们认定党魁很笨（虽然党魁学问渊博，有博士学位，当台湾"国家讲座"教授，后来还被选为台湾"中央研究院"的院士），听不懂隐约的、委婉的奉承，所以要当面拍，术语是"当头套"。要直接地拍，不要拐弯抹角或由他人转告，术语叫"隔墙跳"。第二，党魁的皮肤很厚（暗指脸皮厚），不用尖锐的东西刺不会有感觉，所以要说带有刺的奉承话，让党魁听起来，好像有点讽刺的味道，但又不便因此生气。

　　"四中全会"聚餐的席位是固定的，党魁坐主位。有一次党魁去金门讲学，党员就哄我去坐党魁的席位，并欢呼新党魁万岁，叫到第二次的时候，曾永义竟然从金门打我的手机，诘问我谁坐了党魁的位置。我惶恐，马上告罪退回我的席位，让党魁的位置空着，后来我就戏称我的屁股为之痛了三个月。后来我门牙断了两颗，就说是坐了党魁位置的结果，声称自己没有当党魁的命，从此要安分守己当副党魁，不敢妄想这个位子了。

　　我马门在酒党里的势力庞大。有一次我们爬山

业的养护所，这样，我便不必二十四小时守在内人的身旁，可以做点自己的事。之后意外得到北京的鲁迅文化基金会邀请，到北京参加鲁迅学术论坛，主题是文字与文化，这正是我擅长的研究课题，所以就欣然接受邀请，再次到远地从事学术活动。

本来我只打算从事论坛的活动后立刻回台，一看行程的安排，第一天在政协礼堂，第二天移到清华大学的艺术学院，而且我没有演讲的任务。当主办单位问我有无个人的事务需要他们协助时，我就说想顺便拜访清华大学的李学勤教授。工作人员就说："喔，你认识李学勤教授啊，我们请不动他，能不能请你代我们邀请他来讲几分钟的话？"我只得回答说试试看。当我打电话给李学勤教授说明原委时，他回答说当天将带领清华大学出土文献研究与保护中心的成员在山东青岛办活动，转而请求我在北京多留一天，他可以在早上搭飞机赶回来，邀请我下午在清华演讲。我不好意思拒绝，因而决定多留两天，顺便见些二十年不见的老朋友。

睽违十八年之后（二〇一四年），我搭乘飞机直飞北京，走出机场出口时，鲁迅学术论坛的两位接待人员已在等候，开车将我送到旅馆，稍稍交待后，我就与其他办事人员到附近的餐厅用晚餐，然后接待人雷挺早已约了一位出版社的人来旅馆跟我接洽，问是否有可能出版我以及我服务的加拿大博物馆的出版物。我们谈论了一会儿，决定第二天再谈。

这个旅馆坐落在加拿大与奥地利两个大使馆附近，所以取名为奥加美术馆酒店，之所以冠上美术之名，是因为这个旅馆也兼做艺术画廊的业务。这里有个很具规模的展览场所，展出书画、雕塑等艺术作品，每层楼的走道也陈列作品，让有意者挑选。在我想象中，中国大陆的经济大为发展，大城市里的高楼大厦比比皆是。这个地区，我于一九七五年到大陆时也来过，似乎大楼也没有增加多少，也许这不是个商业区吧，我这么想。

第二天一早用完丰富的自助早餐后，我到艺术画廊欣赏展出的作品，因为很冷，只略微在街上走走。来前听说北京的雾霾很严重，常不见天日，大概是我的幸运，那天天气晴朗，不见有人戴口罩。回到旅馆，这次论坛的主人——鲁迅的孙子周令飞先生来跟我们用午餐，然后一同前往开会的地点——全国政协礼堂。进去的人都要接受金属检测器的检验，没有请帖的，也不让进入。鲁迅文化基金会好像在中国办了十几个私立中小学，各校的校长也来北京开会，演讲前先有颁奖的活动，介绍基金会的一些愿景等。这次受邀来演讲的有六位，只有我来自台湾，演讲主题为有关中国文字与文化的内容，长度二十分钟。我的题目是"反映生活经验的古文字"，这个演讲请来了中央电视台的主持人，可见主办单位很重视此次论坛。晚宴时，鲁迅文化基金会的顾问律师问我能否送他一本书，我就送了他一本《文字小讲》，想来他对演讲的部分内容感到有兴趣。

第二天的行程设在清华大学的艺术学院，为了配合论坛的举办，艺术学院特别举办了与中国文字有关的展览：一是艺术学院五位博士后学员的书法联展，一是台湾神通电脑造字的特别展览。我已没有演讲了，本可以不参加，但想到主办单位花了大钱老远请我来，不好意思不参加，而且可以增加一点见识，所以也全程参与。

因为李学勤教授希望我多停留一些时间，所以我决定多停留两天，一天到清华大学，一天到首都师范大学的甲骨文研究中心。这两个地点距离奥加美术馆酒店颇远，所以我就拜托我的学生赵容俊教授帮我订旅馆，安排到演讲地点的接送等事。赵容俊是韩国来台湾大学读研究所的学生，找我指导他的硕士论文，研究生毕业后我推荐他到清华大学跟李学勤教授攻读博士学位，毕业后也找到了中国人民大学的教职。他对清华大学的环境很熟悉，替我订了清华会馆的房间，一天费用五百元，设施虽不如之前的旅馆，但这是我要自己付费的，所以不能太挑剔。

隔天，王宇信教授夫妇来访。王宇信是胡厚宣的学生，我们很早就认识了，也曾经多次见过面、吃过饭，老朋友见面非常欢愉，最意外的是他大谈甲骨的断代问题。王教授的专长是写甲骨学的通论，他参与主编的《甲骨学一百年》，是学界学人一定会参考的著作，也是我教授甲骨学的重要参考书。甲骨学的断代，长久以来在学界存在着论争，对所谓的王族卜辞，董作宾学派的学者，包括我，认为是文武丁时代第四期的，但大陆的学者都认为是第一期武丁时代前后的。又有所谓历组卜辞，董作宾学派认为是第四期的，而大陆以李学勤为代表的学者主张也是第一期前后的，但有些人不赞同，也认为是第四期的。王宇信教授一向偏向李学勤教授的看法，但是这一次，竟然极力反对李教授的看法，说李教授的两系说站不住脚，并送我一本有关此论点的新著。

甲骨除卜辞之外，其甲骨背面为了让兆纹容易显现，挖有所谓钻凿的窄长形洼洞，我的博士论文从钻凿的形态论证王族卜辞和历组卜辞的时代都是第四期的，之前科学发掘的小屯南地的甲骨的地层已证明我的论点，但大家还不肯相信。后来在小屯村村中与村南的发掘，回应我的观点更为明确，所以王宇信教授不得不改变以前的看法，相信新证据。这让我很吃惊，因为现在年纪大了，想要享受老年生活的乐趣，没有参考新近的出版物了，想不到我的论点再次被证实。可能就是这个原因，我再度被邀请到北京开会。我们吃午饭后又回到旅馆谈话，直到赵容俊同学带妻小来引导我去清华大学时，宇信兄嫂才告辞回去。另外两位历史所的朋友，齐文心教授与王贵民教授，也是我很想见的，但因路途太远，行动不便，只能通过电话寒暄几句，期待下次再见。

到了清华大学出土文献研究与保护中心，我匆忙看了柜子里的竹简后就去研讨室，里头已有十几位研究员等待着。后来我发现，他们竟然是当天与李学勤教授从青岛赶回来听我演讲，听完后又将飞回青岛办事，这让我感受到李学勤教授对我的礼遇。李教授亲自主持演讲会，我演讲的主题是我研究甲骨的历程与经验。演讲完后李教授就说因旅途劳累，不能参加晚宴，由司机先送回家了。

晚宴上碰到一位北京大学研究城乡问题的唐教授，他说二十几年前到博物馆拜访过我，我还为他们的刊物写过一篇文章。初始我很纳闷，我怎么会写起与城乡所有关的文章呢？会不会认错人了呢？

他提及一幅地图，我才想起，我确实为他们的刊物介绍过一幅清代北京城的警卫布置图。他是沈建华教授的夫婿，知道我的来访，前来一叙旧日记忆。沈建华教授也研究甲骨文，帮助香港的饶宗颐教授编辑一些甲骨的索引。我和她的父亲，上海博物馆馆长沈之瑜教授也有一面之缘，我送给沈馆长的书她也读过，所以有很多话题。

次日，首都师范大学的黄天树教授来旅馆接我去学校。黄天树教授是裘锡圭教授的学生，他刚毕业的时候我们就见过面，也领受他的博士论文，他也到过我服务的博物馆检验我们收藏的甲骨。他先领我到每一个研究室看学生们的作业，然后我才开始演讲，演讲中我提议，下午我还有时间，可以与有兴趣的人交换意见，但黄教授于午餐后拉我去喝咖啡，一直聊到搭飞机的时候才回到研究中心，我拿了行李就坐车去飞机场了。

认识北京的学者

　　从北京回来后不久，接到北京故宫博物院韦心滢博士的电话，说故宫博物院要整理馆藏，原为加拿大的明义士收藏的两万多片甲骨，想要邀请我参加筹备的坐谈会，她们会提供旅行所需的所有费用。我回答我没有什么特别的技术可以奉献给她们参考的，而且费用那么多。韦博士说整理甲骨涉及甲骨的断代问题，想借鉴我的学术经历与经验，我于是同意前往，等待日期的确定。

　　韦博士来自高雄，于"中央大学"硕士毕业后，前往北京大学考古文博学院攻读博士学位，毕业之后进故宫博物院服务，整理明义士旧藏的工作她应为主力。农历新年期间我回高雄故乡过年，她也回来过年，所以就约我在高雄见面，交给我相关的资讯以及正式的邀请书。还说，如果只是参加座谈会，不便报请太高的经费，如果我也答应演讲、评论，就比较容易申请足够的经费，我也答应了。之后由我先在台湾代垫费用购买机票，到北京时报销给我。

韦博士亲来机场接机，并请计程车载我们到故宫博物院附近的旅馆，已有三人在那里等候，事先还订了菜，但因为飞机延误，早已过了营业时间。他们立刻为我报销机票费用及帮我办理房间的登记。他们四人当晚竟然也住在旅馆，打算一早就到会场准备事宜。

次日是四月一日，早上在故宫博物院内开甲骨座谈会，院长因为有要务，得稍候才能来，所以先由郑欣淼先生主持，并轮流由主办单位的人员讲述院藏明义士甲骨的来源，如何接受出版的任务，打算如何整理出版，格式如何等。然后依学术伦理一一做约五分钟的回应。刘一曼教授先发言，接着李学勤教授一定不肯在我之前说话，推辞了一会儿，我只好先发言，然后李学勤、朱凤瀚、宋镇豪、黄天树、刘钊、沈建华等教授依序发言，都是学界的资深人士，发言的重点就在甲骨的断代。已到会场的单院长最后做了总结。

故宫博物院为了整理明义士的藏品，特地成立古文献研究所来负责此任务，邀请学者来演讲也是业务之一。所以我受邀下午二时在故宫博物院第二会议室做第一次学术演讲，我以为主要对象是故宫博物院整理甲骨的成员，所以讲题定为"整理甲骨的一些经验谈"，由北大历史系的朱凤瀚教授主持和讲评，不想除北京故宫的人外，其余都是北大历史系的同学，不少于十人。演讲一个钟头，发问一个钟头，主要针对我的两个研究专题，钻凿形态断代和周祭。

第二天本来还安排了一场演讲，由方辉教授讲述明义士先生的行谊，由我来讲评。因为方辉教授有事走不开，不能从山东赶来，我的任务便也没有了，所以就改为探望老友——已退休的社科院历史研究所的王贵民与齐文心教授。我们事先已联络商定在中国美术馆会齐，再去齐教授家聊天。我于是提早出发，先进中国美术馆参观。

王贵民和齐文心两位教授都是胡厚宣教授的学生，胡教授的十个学生都在中国社会科学院历史研究所接受学术训练，从事《甲骨文合集》编辑的工作。他们两人在国内与国外都和我交往过，胡教授的学生中，我和他们两个最为投契，但有二十年没有见面了。王贵民和夫人一起来，我们先去附近一家小饭馆吃饭，由齐教授招待。二十几年前我曾经一个人在这个餐馆用餐，还喝了一瓶啤酒，结果却只得买一张门票进入中国美术馆，坐在柱子边，慢慢等酒醒来。我们用完餐后到齐文心教授家聊天，学问也有，八卦也有。

二十年后，再见金秉模教授

二〇一五年从北京回来后，我接到台湾大学中文研究所的学弟孙叡彻教授从韩国打来的电话，推荐我参加韩文博物馆举办的文字研讨会，博物馆将负责旅行期间包括机票与住宿的所有费用。他还建议我讲讲如"甲骨文的发现、特点与意义"一类的题目，且以通俗性为诉求。我觉得可以胜任这个题目，而且我还有更重要的个人愿望，所以一口答应了。不久韩文博物馆也来联系，并寄来了来回的电子机票。

韩文博物馆对于邀请的来宾相当礼遇，招待也周到。邀请的来宾有三位，分别来自中国大陆、中国台湾与日本。会议方体谅我们不懂韩语，不要求我们参加只用韩语宣读的研讨会，并特别为我们安排有口译的发表场次。第二天还为我们安排参观韩国中央博物馆与韩文博物馆的行程。有可能是学弟孙叡彻教授的争取，会议方还给我请来一个在韩国攻读博士学位的中国学生担任我的翻译，全程伴我到各个场所，直到坐电车去机场为止。

除参加研讨会外，我这次到韩国的最大目的是见一见好朋友金秉模教授。二十年前受多伦多韩侨的请托，他义不容辞地帮助我，成功向韩国政府争取到一些展览用的器物，并和韩国中央博物馆谈妥，每两年换借给我们一批文物以供展览之用，为期二十年。那天晚上两个人喝酒庆祝，直到都喝醉了才分别回住处，从此就再没见面。二十年来我一直想再次向他亲口道谢，苦无机会，这次我特别拜托孙叡彻教授一定要为我约到金秉模教授，再喝一次酒。第二天晚上我与孙教授不参加晚宴，要和金秉模教授三人饮酒、吃狗肉。

金秉模教授是韩国考古学界的名人，大我几岁，从大学退休后创设高丽文化研究院当院长，还在为发展高丽文化而努力。他以前告诉我他在追踪一个高丽王子与印度公主结婚的古老传说。这次他送我一本他的《双鱼的秘密》中译本。原来他自幼皮肤黑，为了寻找答案，前往英国留学，学习西亚的考古与语言，走遍了世界各个角落。几十年来锲而不舍，通过双鱼的花纹，终于厘清整个传说的原委。

古代印度有一个小国，受到外来的侵袭，其公主跋涉山路来到中国四川的安岳县。又因抗拒官府的税敛，再度被迫逃亡海上，在韩国登陆，与幼龄的金姓王子结婚而创建伽倻国。印度公主是位巫女，名许黄玉，因为祖先是金姓与许姓的联姻，所以在韩国，金海的金姓与许姓不能通婚，偶尔生出黑皮肤的婴儿，就是受到印度祖先的影响。我佩服金教授的执著。他笑说，太太问他会不会像二十年前一样醉得回不了家，他回答肯定不会，有自家司机送他来，再怎么醉也有司机在。这一晚他的司机送我回旅馆，一直到回到台湾了，我还有宿醉的感觉，而我二十年的愿望终于实现了。

第二人生，指导的研究生

我在多伦多，一方面在博物馆远东部当研究员，一方面是多伦多大学东亚系的cross appointed（列在正式职员名单）教授，不管是待遇、研究设备，都不输台湾的任何学术单位。最重要的是，我的妻儿都在那边，也没有和同事有不欢愉的情形，但因为学长曾永义教授动之以情，说台湾大学中文系是传授甲骨学的研究重镇，但老师过世后却没有很合适的教师，已好多年没有开这个课程了，要我回来传继师门。所以我毅然结束博物馆与多伦多大学的工作，回到台湾来，从事回馈师长教诲的教书工作。

文字学不是热门的领域，不是每年都有学生找我指导。但是教学一段时间后，指导过的学生就渐渐多了起来，足以凑成一桌，我有时就把已毕业和在学的同学找来用餐。一般是在学期结束，大家都比较有空闲的时候。这样的聚餐渐成习惯，大家戏称为"雄风宴"。因为徐富昌教授和我在同一研究

室多年，我的学生也和他熟稔，因此师长就只邀请徐教授一人而已。

在我人生的后半段，我指导了数量不多的学生，还算有点苦劳，所以也斗胆沾一下他们的光彩。

吴俊德硕士论文《殷墟第三、四期甲骨断代研究》（台湾大学中国文学研究所，一九九七年）

吴俊德博士论文《殷墟第四期祭祀卜辞研究》（台湾大学中国文学研究所，二〇〇三年）

林志鹏硕士论文《殷代巫觋活动研究》（台湾大学中国文学研究所，二〇〇三年一月）

赵容俊硕士论文《先秦巫俗之研究》（台湾大学中国文学研究所，二〇〇三年）

林宏佳硕士论文《古文字字形演变之实证——以〈说文解字〉第一卷为例》（台湾大学中国文学研究所，二〇〇三年六月）

林宏佳博士论文《古文字造字创意之研探——以人生历程为范畴》（台湾大学中国文学研究所，二〇〇九年）

李佩瑜硕士论文《商代出土铜器铭文研究》（私立淡江大学中国文学研究所，二〇〇三年六月）

黄慧中硕士论文《从统计学观点探讨祖庚、祖甲卜辞的断代》（台湾大学中国文学研究所，二〇〇四年）

黄荣顺硕士论文《古文字字形演变之实证——以〈说文解字〉第五卷（上卷）为例》（台湾大学中国文学研究所，二〇〇七年一月）

陈煜静硕士论文《晚商第五期历制研究》（台湾大学中国文学研究所，二〇〇九年）

张婉瑜硕士论文《殷墟卜辞中的酒祭研究》（世新大学中国文学研究所，二〇〇九年二月）

罗珮珊硕士论文《殷墟第三期祭祀卜辞研究》（世新大学中国文学研究所，二〇一一年二月）

陈冠勋硕士论文《殷卜辞中牢字及其相关研究》（台北市立教育大学中国文学研究所，二〇一一年一月）

陈冠勋博士论文《古文字义近形旁研究》（世新大学中国文学研究所，在学中）